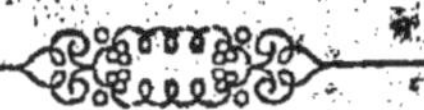

LETTRES

SUR L'ÉTAT PRÉSENT ET SUR L'AVENIR

DE LA FRANCE,

PAR F. DABURON,

Juge au Tribunal civil de Saumur.

Dites, dites à cette société et le mal qu'elle a fait, et le mal dont elle souffre ; révélez-lui dans toute leur étendue, dans toute leur gravité, ses erreurs, ses fautes, ses oublis, ses faiblesses, ses excès ; mais ne prétendez pas qu'elle accepte l'injustice, ni l'injure. Elle veut qu'on l'honore et qu'on l'aime, et ne se laissera redresser et diriger qu'à ce prix.　　(GUIZOT.)

Prix : 2 fr.

PARIS,

CHEZ DELAUNAY, LIBRAIRE,

PALAIS-ROYAL ;

ET A LA LIBRAIRIE ADMINISTRATIVE DE PAUL DUPONT ET Cie,

rue de Grenelle Saint-Honoré, 55.

1839.

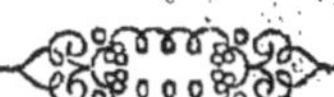

LETTRES

SUR L'ÉTAT PRÉSENT ET SUR L'AVENIR

DE LA FRANCE,

Par F. DABURON,

Juge au Tribunal civil de Saumur.

> Dites, dites à cette société et le mal qu'elle a fait,
> et le mal dont elle souffre ; révélez-lui dans toute leur
> étendue, dans toute leur gravité, ses erreurs, ses fau-
> tes, ses oublis, ses faiblesses, ses excès ; mais ne pré-
> tendez pas qu'elle accepte l'injustice, ni l'injure. Elle
> veut qu'on l'honore et qu'on l'aime, et ne se laissera re-
> dresser et diriger qu'à ce prix.　　　(Guizot.)

Prix : 2 fr.

PARIS,

CHEZ DELAUNAY, LIBRAIRE,

PALAIS-ROYAL ;

ET A LA LIBRAIRIE ADMINISTRATIVE DE PAUL DUPONT ET Cie,

rue de Grenelle Saint-Honoré, 55.

1839.

PREMIÈRE LETTRE.

Craignez les dieux. Cette crainte est le plus grand trésor du cœur de l'homme. Avec elle vous viendront la sagesse, la justice, la paix, la joie, les plaisirs purs, la vraie liberté, la douce abondance, la gloire sans tache. (FÉNELON.)

Chose admirable ! la religion chrétienne qui a semblé n'avoir d'objet que la félicité de l'autre vie, fait encore notre bonheur dès celle-ci ! (MONTESQUIEU.)

Le pays où la religion chrétienne exerce de nos jours le plus d'empire (les États-Unis) est en même temps le plus éclairé et le plus libre. (DE TOCQUEVILLE.)

> Oh ! comme avec terreur, pilotes en détresse,
> Nous nous apercevons qu'il nous manque la foi,
> La foi, ce pur flambeau qui rassure l'effroi,
> Ce mot d'espoir écrit sur la dernière page,
> Cette chaloupe où peut se sauver l'équipage.
>
> (V. HUGO.)

C'est à vous que j'écris, mon cher D..., à vous que je retrouve aujourd'hui tel que j'aimais à vous connaître autrefois. L'obscurité alors ne vous était point pesante; une soudaine élévation ne vous a point ébloui. Fidèle à vos principes, à vos amis, si, comme eux, vous fûtes porté au pouvoir par le flot de 1830, vous y arrivâtes noblement, sans intrigue, sans faste de zèle, sans apostasie. Nul ne vous avait vu, sous un autre régime, conseiller l'arbitraire, décrier nos institutions , prendre l'air moqueur ou épouvanté aux mots sacrés de Roi, Charte, Liberté. Nul ne vous vit, le lendemain des trois journées, monter sur les toits, agiter d'une main frénétique l'étendard aux trois couleurs, et crier à une multitude hébêtée : Vive le peuple souverain! Mort aux tyrans ! Non. Ce fut votre rôle d'accepter, sans vain bruit, mais franchement, une révolution que vous n'aviez point désirée, point faite; révolution qui toutefois vous parut légitime , étant née de la défense des lois; Révolution, d'ailleurs, grande et magnanime dès le berceau, et portant en soi tous les germes des plus magnifiques progrès. Ainsi vous pouvez livrer aux regards votre vie entière. Rien n'y est à démentir. Pourquoi renieriez-vous ce que vous fîtes par amour de la Patrie et sous l'inspiration du devoir?

C'est donc à vous que j'écris, et je ne m'enquiers pas si vos opinions sont conformes aux miennes. Moi aussi j'aime mon pays, j'aime la vérité. C'en est assez pour nous entendre. Si quelque rayon de pure lumière s'est égaré et luit dans ma solitude, qu'y ferait-il? Il y serait enfoui et perdu. Je lui ouvre passage jusqu'à vous; accueillez cet enfant du ciel , et que placé par vos mains sur quelque hauteur il serve du moins à signaler des écueils. Si j'ai pris pour de la clarté de vaines lueurs, et des chimères pour la vérité, ne vous y laissez point séduire, et qu'elles reviennent voltigeantes et joyeuses sous mon toit. Long-temps encore je préférerai leurs rêves aériens aux sombres réalités de notre monde positif.

Hélas! au moment d'aborder enfin mon sujet, j'éprouve un embarras extrême et presque le découragement. Qu'ai-je à dire qui ne me semble vrai, simple, éternel? Et pourtant rien n'est plus difficile à présenter, à faire goûter aux hommes. Écoutez-moi, cependant; vous le devez à ma bonne foi, et vous ne le refuseriez pas à ma vieille amitié.

Je voudrais examiner avec vous l'état présent de la France, rechercher la cause du mal qui nous travaille; puis, s'il est possible, indiquer le remède, et montrer ensuite se levant à l'horizon l'aurore d'un jour plus beau et d'une vie nouvelle.

Vous le savez, mon ami, je ne me suis point fait une habitude d'accuser l'époque où nous vivons, et ce n'est pas un parti pris chez moi de ne rien voir, de ne rien louer de ce qui fait honneur à mon pays. Combien de fois même, blessé du langage d'aveugles et systématiques détracteurs, n'ai-je pas senti mon sang bouillonner dans mes veines, et poussé jusqu'à l'injustice peut-être l'éloge de notre temps! Partout, m'écriais-je, règnent l'activité, le travail, l'abondance. Jamais l'industrie, les arts, furent-ils plus encouragés? Les monumens que nos pères avaient entrepris, puis délaissés,

nous les complétons, ils nous doivent la vie.
Combien d'autres fondés par nos mains s'élèvent
chaque jour ! Qui comptera la multitude de ponts,
d'aqueducs, de routes nouvelles ? Rien n'arrête le
commerce; une force invisible, prodigieuse inven-
tion de nos jours, le pousse à travers les ondes,
ou l'emporte triomphant sur les magiques che-
mins que le fer ennoblit.

Voyez-vous ces flambeaux sans nombre et ces
lignes de phares étincelant dans nos villes ? Leur
flamme ne se nourrit plus de grossiers alimens.
Elle est inaltérable, on la croirait immortelle.

L'homme a frappé de son sceptre la terre, et
l'onde, élancée de l'abîme, surgit au sommet des
montagnes, s'épand dans les villes, fertilise les
champs, embellit nos jardins.

Un génie créateur a remplacé chez nous l'esprit
de destruction (1). La gloire même, idole de la
France, n'est plus inséparable des combats ; elle
s'est lassée de fureurs stupides, et ne prête plus
son noble nom à d'absurdes cruautés (2). Nos
soldats partagent, sans rougir, les utiles travaux de
la paix.

Pourquoi n'en pas convenir? Oui, les haines
profondes ont disparu de la France. Une se-

______

(1) L'esprit de guerres, de conquêtes a fait son temps, et nous sommes entrés dans une époque de paix, de travail régulier, de développement intellectuel, scientifique, industriel. C'est de ce côté aujourd'hui
que la France cherche la force et la gloire. (Guizot.)

(2) La vraie gloire ne se trouve point hors de l'humanité. (Fénelon.)

conde révolution éclate, la foudre mugit trois jours, puis elle s'éteint faute d'aliment, et les partis s'étonnent de s'être crus si mortels ennemis et de ne se point haïr. Que cependant l'orage murmure encore par intervalles sur l'horizon, il ne faut pas s'en étonner. Le bruit va s'affaiblissant, il meurt, et déjà l'on n'entend plus rien..... plus rien que le gai tumulte des plaisirs et des fêtes, la voix des instrumens, les pas d'une jeunesse qui tourbillonne en des flots de lumière et s'enivre de voluptés !

Je prolonge à dessein, mon cher D..., le doux rêve de nos apparentes prospérités. Un moment je me trompe ainsi moi-même, et fais trève pour vous et pour moi à de plus sombres pensers. Mais il est temps de porter notre vue au delà de ces biens superficiels, et d'oser envisager le fond même des choses.

Regardez autour de vous, prêtez une oreille attentive, et dites si, à votre avis, il respire encore quelque foi religieuse en France ! Les cultes sont reconnus, libres, protégés ; la religion, inscrite même dans nos lois, a retrouvé sa chaîne hiérarchique et ses pieuses cérémonies ; la foule assiste à ses solennités..... Vaines apparences ! Est-ce que la religion ne vit que de formes ? Mais, au fond des cœurs, dans le secret des pensées, que dis-je ? dans les actes les moins cachés, sur les visages, à la face du soleil, vous lirez que le peuple est détrompé, qu'il ne croit plus ce qu'on veut qu'il croie, et que le temps est loin où il se laissait con-

duire par l'espérance des joies célestes et les craintes de l'enfer (1).

Il existait en France (permettez-moi ce souvenir) une contrée, depuis célèbre, qui avait su
garder intacte la foi de ses pères. Peuple de ber-
gers et de laboureurs, ses mœurs étaient aussi
simples que ses chaumières. De bons seigneurs
contens de leurs châteaux, inconnus à Versailles,
n'y avaient jamais apporté les airs effrénés de la
Régence, ni l'aridité d'une moqueuse philosophie.
Que vous dirai-je? Là on connaissait la famille,
on vénérait le prêtre, on craignait, on aimait Dieu
par dessus toutes choses. En 1793, la Convention
envoie demander à ce peuple le tribut de ses fils.
Il refuse et se soulève. Le monde s'en souvient,
cette lutte fut héroïque. Tout Vendéen parut *un
géant* (2), et ces géans étaient des saints. Mais les
temps furent trop difficiles. Les victoires, puis les
désastres, d'affreux exemples, des malheurs inouïs..
O guerres civiles! tant de limon entassé dans cette
onde, devait finir par la corrompre....

Loin de moi l'injustice de reprocher ce qu'on

---

(1) Le seul dieu moderne auquel on ait foi c'est l'argent.

(BALZAC.)

Mais parmi ces progrès dont notre âge se vante
Dans tout ce grand éclat d'un siècle éblouissant,
Une chose, ô Jésus! en secret m'épouvante,
C'est l'écho de ta voix qui va s'affaiblissant.

(V. Hugo, 1837.)

(2) Expression de Buonaparte.

a fait dans ces dernières années. Après de telles fureurs, et quand vivaient encore de si profonds ressentimens, il était temps, il était devenu sage d'essayer la civilisation, et d'amollir ces fiers courages. Mais laissez-moi regretter des mœurs que chaque jour efface. Ah! j'oublie le sang, les veuvages, les ruines. Quelques années encore, ces lugubres vestiges auront disparu. Comme l'herbe fleurie a bientôt recouvert les champs du carnage, de plus douces destinées verseront l'oubli sur ces plaies sanglantes, et l'avenir prospère ensevelira les douleurs du passé. Mais qui rétablira l'asile de la religion sainte, des vertus comme le christianisme les aime et les inspire? Oh! qui refera la Vendée? Qui lui rendra l'esprit de justice, l'habitude de l'obscurité, son ignorance meilleure que nos lumières, cette franchise austère, son évangélique simplicité?

Non, je ne lui comparerai pas ces brûlantes provinces où la religion, au lieu de vertus, n'enfante qu'inimitiés, vengeances, où catholiques et protestans se haïssent, et, l'heure venue, s'entr'égorgent... Mais qu'ai-je dit, la religion? c'est le fanatisme, ce sont les passions haineuses, sanguinaires, sous un nom vénéré.... Que reste-t-il? çà et là quelques fidèles; de loin en loin une famille de croyans qu'on reconnaît aux bonnes œuvres comme on reconnaît un meilleur sol à des arbres plus chargés de fruit.

Vivre sans religion. — Ne pas croire même en Dieu. — Murmurer au fond de son cœur, *la vertu* n'est qu'*un mot*. Cette gradation est infaillible, le premier terme appelle le dernier (1).

Nos yeux sont témoins d'un fait rare dans la vie des peuples. On voit des esprits graves, austères, des législateurs hommes de bien, éprouver un sentiment pénible, une répugnance manifeste, au seul mot de religion, et ne jamais le prononcer. Ils professent que la société se peut maintenir sans cet appui, et qu'il lui suffit, pour suivre ses destinées, de ses propres forces et de ses seules lois (2). Cette opinion est nouvelle. Parmi les sages qui dotèrent leur pays d'institutions durables, ou qui ont consacré leur vie à en méditer les principes, je ne pense pas qu'on en cite un seul qui n'ait considéré la religion comme un élément non seulement utile, mais nécessaire (3). Toutefois, examinons la question comme si le passé ne l'avait pas résolue, et demandons-nous s'il est possible qu'une société vive, prospère, sans le ressort d'une religion?

Pour les peuples, comme pour les individus, la vie pleine et complète se compose de vertus, de

---

(1) Nier la religion, c'est nier le devoir. (La Mennais.)

(2) Je cite à regret ces paroles de M. L'Herbette, esprit d'ailleurs si éclairé : « Plus puissantes que tous les autres moyens, plus puissantes que « les religions et que la victoire, les saines doctrines d'économie politi- « que tendent à rapprocher les peuples. »

(3) Remarquons que dans tous les gouvernemens anciens les institutions politiques ont toujours été fondées sur les institutions religieuses. Dans les gouvernemens modernes les institutions politiques se sont toujours appuyées sur les institutions religieuses (Ballanche.)

lumières, de bonheur. La mission d'un gouvernement, sous quelque point de vue qu'on l'envisage, n'est point remplie si le peuple n'est, autant qu'il peut l'être, éclairé, moral, heureux. Or, mon ami, la religion seule porte et engendre les vertus, et l'on peut dire encore qu'aucune autre source ne verse au monde plus de lumières et de joies. L'homme, qui ne borne pas son avenir à cette vie, n'arrête pas non plus sur la terre ses pensées de bonheur. Il le veut infini, éternel : enfant d'en haut, il aspire à son héritage. Mais il lui fut dit qu'il ne le (1) possèderait qu'après l'avoir conquis. Vie passagère, travaux, devoirs, furent créés à cette fin. *Aimer Dieu de toute son ame*, et *le prochain comme soi-même*, telle est la loi : voilà toute la religion.

Sans recourir à l'histoire, sans rappeler les beaux jours du christianisme, que votre seule raison découvre ce que gagnent en sagesse, élévation, intelligence, des ames affranchies des liens du corps et planant dans les sphères célestes. Quelle carrière pour le génie que l'immensité de l'espace et du temps ! Quel digne objet des méditations de l'homme que Dieu, l'éternité, l'ame immortelle ! Et, dût cet objet s'évanouir au dernier terme, quel éclat un tel rêve aurait jeté sur la vie !

Et, quant à ce qui est du bonheur et de la vertu, que nous prescrit la religion ? De faire du

---

(1) Nous sommes enfans des saints, et nous attendons cette vie que Dieu doit donner à ceux qui ne violent jamais la fidélité qu'ils lui ont promise. (Bible, Livre de Tobie.)

I

bien : à qui? A notre frère. Mais lui-même, s'il l'écoute, que fera-t-il? Aussi du bien. A qui? A nous.

Elle n'a donc pas le front si sévère et si triste, la religion. Sous ses pas je ne vois naître que des biens, qu'un échange continuel des douceurs de la vie (1). Je sais que l'homme vraiment religieux goûte ces biens sans s'y attacher, et sans perdre de vue le monde meilleur, les biens plus parfaits qu'il espère. Mais c'est ce détachement, cette haute espérance qui lui donnent son habituelle sérénité, l'empêchent de s'oublier dans la joie, le rendent sensible aux peines d'autrui, et le fortifient contre ses propres maux. Notre siècle, si avide de bien-être, n'en saurait inventer que la religion ne produise naturellement, sans le chercher, presque sans le vouloir.

Je vous ai montré l'homme religieux, il est temps de considérer l'homme matériel.

Celui qui n'a pas foi dans une autre vie est indifférent aux choses célestes. L'œil tourné sur lui-même, l'esprit courbé vers ses propres créations, il n'aperçoit au delà ni un autre créateur, ni d'autres œuvres. Songerait-il à trouver admirables la voûte des cieux, l'ordre du monde, ce que chaque instant, chaque lieu voit éclore de merveilles au sein de la nature (2)? Dieu retranché de *ses*

---

(1) Heureux les hommes à qui la vertu se montre dans toute sa beauté! Peut-on la voir sans l'aimer? Peut-on l'aimer sans être heureux? (FÉNELON.)

(2) Votre vue dédaignerait presque le tableau si varié, si riche, si

ouvrages, sous quelle inspiration les comprendre et les sentir? Ses jouissances il les demande à la terre, à ce jour que l'on nomme la vie. Il en veut épuiser la coupe avant de mourir. Un croyant, toujours prêt à se dévouer pour ses frères, n'en a pas moins en vue, ainsi le veut la nature, son bonheur personnel. Il sème ici-bas pour récolter dans le ciel : là est son trésor, là est son cœur. Mais l'homme , que n'affectent aucune espérance, aucune crainte, pour qui, demain, joie, douleurs, tout sera fini, sans expiation, sans récompense, fait consister la sagesse à vivre pour soi ; il ne connaît ni amis ni parens, ni patrie, et passe tranquille et sans remords sous un ciel neutre et sans juge.

On objecte, je le sais, que son intérêt, à part les fantômes de l'avenir, lui conseille d'être utile à ses semblables ; qu'en effet, le bien de chacun, quand il y a concert, se retrouve au centuple dans l'avantage de tous ; qu'il ne faut donc qu'instruire, éclairer les humains pour que bienveillans, unis, ils fassent échange de bons offices , et n'attendent leur propre félicité que de la prospérité commune.

Cette objection, qui s'est érigée en système, est trop fondamentale, trop répandue, elle est trop bien mélangée de vérité et d'erreur pour que quelques mots suffisent à la détruire. Je ne la heurterai pas de front. Que produisent ces cli-

merveilleux de la création en vain déployé devant vous. Les fleurs sont sans parfums pour vous ; pour vous les nuages n'ont point de rêveries.

Ballanche.)

quelis d'argumens? Mais, si vous y prenez garde, ces lettres, avant que j'en coupe le fil, l'auront plus d'une fois rencontrée dans leur cours.

Reconnaissons toutefois, dès à présent, que *Dieu*, devoirs, vertu, trois mots qui n'ont qu'un sens, étant rayés du monde, le bien moral perd le levier de la conscience, une surhumaine sanction.

Qu'il soit aussi bien entendu que la bienveillance entre les hommes, les mutuels services n'auraient leur principe et leur but que dans l'intérêt personnel, actuel, sans réflexion vers une vie future.

D'où votre esprit logique et sincère conclut, sans hésiter, que si (par erreur, je l'admets) tel individu se persuade que son intérêt ne peut s'accorder avec l'intérêt général, il aura raison, pour arriver à soi, d'écraser son semblable.

Ainsi, la terre, la vie, soi-même, tel est le cercle où s'enferme tout homme qui ne croit pas. Et cependant, mon ami, notre ame est immense. Nier son immortalité est possible, sans doute, puisqu'on la nie; mais nier sa grandeur est impossible à quiconque se sent respirer et vivre. L'homme, atome par le corps, remplit par son ame l'espace tout entier, et ne s'y arrête pas (1). Demandez au

---

(1) L'ame de l'homme est plus grande que tous les biens du monde. (Guizot.)

Seul, entre tous les êtres, l'homme montre un dégoût naturel pour l'existence et un désir immense d'exister : il méprise la vie, il craint le néant. Ces différens instincts poussent sans cesse son ame vers la contem-

chrétien, demandez à l'impie où se trouve la borne de leurs pensées, de leurs désirs, du besoin d'aimer, connaître, sentir. D'où nous viennent l'activité, l'imagination, nos vagues tristesses, nos joies délirantes, et ces heures indéfinissables où, sans sujet de peine, mais profondément troublé, on voudrait briser son enveloppe, et mourir pour revivre? Le croyant éprouve aussi ces choses, et n'en est point accablé. Il les verse dans le sein infini de l'Éternel. C'est à cet Océan que vont aboutir et se décharger tant d'élans, tant d'amour, cette soif d'un bonheur sans mesure et sans fin (1).

Mais quand la foi manque, quand Dieu, l'infini disparaissent, l'ame, importunée de sa grandeur, est un objet digne de pitié. Illimitée dans ses vœux, il n'est donné à rien de les satisfaire. Au premier aspect, tout la séduit, l'enchante; tout, à l'essai, lui devient fade et vide. Que lui servent ses ailes de flamme dans la prison de boue qu'elle s'est faite? Elle court d'objets en objets, ne sachant où se prendre, à quoi se fixer. Lasse, dès qu'elle possède, elle envie ce qu'elle n'a pas, s'y précipite, le goûte, et le rejette; heureuse encore si, éclairée par tant d'expériences, elle reconnaît enfin que la terre

plation d'un autre monde, et c'est la religion qui l'y conduit. Une pente invincible ramène l'homme aux croyances religieuses. L'incrédulité est un accident; la foi seule est l'état permanent de l'humanité. (De Tocqueville.)

(1) L'homme, par sa destinée, déborde de partout le temps, l'espace, la matière. (Fichte, traduct.)

n'était point son partage, que plus superbes sont ses destinées, et qu'enfin le Père commun des mortels a son séjour dans les cieux d'où il nous appelle à sa félicité!

Point de bonheur réel, de lumières véritables pour l'homme matériel. Est-il besoin d'ajouter que ce qu'il appelle *devoir*, *conscience*, *vertu*, n'a dans sa bouche et dans ses actions qu'un sens incomplet et défiguré?

Les principes de juste et de l'injuste furent, telle est la foi du chrétien, institués de Dieu même. Il les grava sur la pierre, il les promulga. Ils ne dépendent pas du temps, des lieux, des hommes. Ils sont fixes, universels (1), immuables : celui qui les observe reçoit pour prix des biens immortels; des tourmens sans fin, sans espérance, punissent qui les a méprisés. Comparez à ces clartés célestes la douteuse lueur du terrestre intérêt; comparez à cette suprême et redoutable sanction les tièdes et vacillans conseils d'un avenir que le cercueil borne!

Dans quels rangs a pris naissance la doctrine de la fatalité? Qui a dit : « Je *suis* prédestiné *au vol*, au meurtre, à la guerre, à l'amour; en vain résisterais-je. » Qui l'a dit? Celui-là dont toutes les pensées tournent et gravitent vers les biens de la

______

(1) Ce n'est point la volonté de l'homme qui a créé ces lois obligatoires qui lui sont imposées. Il les reçoit de plus haut. Elles lui viennent d'une sphère supérieure à celle de la liberté; d'une sphère où le débat s'élève, non entre ce que veut ou ne veut pas l'homme, mais entre ce qui est vrai ou faux, juste ou injuste, conforme ou contraire à la raison. (Guizot.)

terre. Quand ses passions bouillonnent, quand le feu court dans ses veines, quand le torrent des délices roule devant ses yeux, ira-t-il résister continuellement? épuiser sa vie en combats sans nombre et contre nature? toujours lutter, vaincre, souffrir? et pourquoi? pour mourir demain, mourir tout entier. Non, il cèdera : ses lèvres presseront la coupe empoisonnée; elles s'y abreuveront, et s'y plongeront encore.... Et puis, l'ivresse passée, pour échapper aux remords et s'épargner la honte, il s'écriera : Je n'étais pas libre!

Cet homme, direz-vous, n'est coupable au fond que d'erreur. Il avait cru voir toutes les joies dans le vice, toutes les tristesses dans la vertu. S'il les eût mieux connus, il aurait fui le vice, recherché la vertu, car il ne voulait qu'être heureux. Quand ses yeux seront dessillés, quand la civilisation croissante aura changé ses idées sur ce qui donne le bonheur, il deviendra, par égoïsme même, bon, utile, ce que le monde qualifie de vertueux.

Oui, mon ami, j'en ai la conviction, et je l'ai exprimée, l'intérêt personnel, l'intérêt présent conseille les bonnes actions. La vie est moins douce qu'on ne l'imagine à qui ne chérit que soi, moins rude à qui se dévoue et se sacrifie : tout n'y est pas rires, triomphes pour l'un, pleurs, humiliations pour l'autre; non, non. Le néant fût-il le secret du tombeau, la raison, l'amour de soi nous crieraient : sois vertueux. Je le crois, j'en suis sûr; mais, séparée de la foi religieuse, quels miracles

2

opèrera cette foi subalterne ? Où seront ses croyans, ses martyrs? Viennent les jours d'épreuves, qui s'en souviendra? A quels signes, d'ailleurs, reconnaître ce qui est bien, ce qui est mal, ce que l'on peut pour soi, ce que l'on doit aux autres? Les devoirs étant d'institution humaine ne changeront-ils pas selon les temps, les peuples, les lieux? L'intérêt, devenu la seule conscience, ne conseillera-t-il pas, en les parant des couleurs du droit, les actes les plus contraires? A l'un l'usurpation, à l'autre la révolte? au riche les duretés, les fraudes à l'indigent (1)? Ah! ne sondons point la sagesse humaine! Ne regardons pas de trop près ce qu'on nomme ordre, raison, droits imprescriptibles, nature : choses réelles, sans doute, choses saintes, mais aussi paroles trop employées à couvrir l'injustice, à consacrer comme inviolables nos usages, nos vices invétérés!

Quand un droit supérieur, au dessus de toute discussion, ne trace pas à chacun ses devoirs et ses droits, les réalités sociales sont, aux uns l'empire, les sucs de la terre, aux autres la sujétion, les rebuts; au fond des cœurs la sécheresse, l'en-

---

(1) La religion ayant perdu son empire sur les ames, la borne la plus visible qui divisât le bien et le mal se trouve renversée; tout semble douteux et incertain dans le monde moral; les rois et les peuples y marchent au hasard, et nul ne saurait dire où sont les limites naturelles du despotisme et les bornes de la licence. (DE TOCQUEVILLE.) Le Discours prononcé par M. Franc-Carré à la dernière rentrée de la Cour royale de Paris développe ces mêmes idées avec une grande puissance de logique et de raison. Ce Discours, tout-à-fait approprié aux circonstances, traite avec supériorité une partie de mon sujet.

vie, la haine ; dans les esprits, les ténèbres ou de fausses lumières; nulle part un pur bonheur......
La France est sous nos yeux. Osons percer les mystères, sonder les replis de sa situation; demandons, non plus à d'abstraits raisonnemens, mais aux faits consciencieusement interrogés, s'il est possible qu'un peuple qui n'est pas religieux soit pourtant éclairé, moral, heureux.

DEUXIÈME LETTRE.

———•———

Nous devenons d'un esprit étroit et grossier. Nous ne savons voir que ce qui frappe matériellement nos yeux. Jamais peut-être l'intelligence des ressorts naturels du monde et des voies cachées de la Providence n'a été plus rare... On déplore l'anarchie des esprits, le relâchement des liens et des freins moraux, l'affaiblissement de tout respect, l'âpreté de l'égoïsme, l'abaissement et la mobilité des idées comme du pouvoir, la tendance vers une politique étroite, incohérente, subalterne. Ce sont là évidemment les maux dont souffre aujourd'hui la société et qui retardent ses progrès.. (Guizot.)

Quand le voile d'une patriotique mais déplorable illusion tomba de vos yeux, il vous laissa voir la génération actuelle avec ses chairs gangrenées et ses langueurs mourantes. (Cormenin.)

Quand on ne crut plus rien à Athènes et à Rome, les talens disparurent avec les dieux. (Chateaubriand.)

S'il est un point constant, reconnu, proclamé, c'est que la génération actuelle borne ses pensées et ses vœux à la terre, à la vie présente. Jouissances matérielles, gloire viagère, du pouvoir, quelque bruit, le bien-être, c'est là toute la portée de l'ambition humaine. Aussi, voyez comme tous les cœurs sont tendus vers la richesse, chose, on le sait bien, qui comprend toutes les autres, forteresse où sont rassemblés honneurs, puissance, voluptés. De là tant d'indignes métiers, la fureur des affaires, l'ardente poursuite des places lucratives, la spéculation en tout et partout, l'emploi, sans rougir, des plus infâmes moyens, le crédit et la considération attachés à toute fortune.....

Mon ami, je n'ai point entrepris une satire; aucun fiel n'est dans mon cœur. Je ne jouis pas, croyez-le, je souffre en traçant ces lignes amères, et je les trace, non pour qu'elles blessent et déchirent, mais plutôt, si ce don m'était fait, pour qu'elles cicatrisent et guérissent. Il est trop vrai que jamais la fortune n'exerça un empire si universel, si absolu. Dans chaque individu est l'ennui ds sa position, le besoin de s'élever, l'envie. Notre intelligence, émanation divine, nous la ravalons aux moyens de succès, aux finesses, à l'astuce, aux fourberies. Quels spectacles m'offre la scène du monde! Ici, on brigue des emplois. Voyez la foule immense! Que d'intrigues, de piéges, de bassesses! Que de combats, et quels combats! Là, s'agitent des hommes politiques. Voulez-vous savoir où ils tendent? observez à quels ports ils abordent quand les vents ont poussé leurs voiles. Ils abordent à la puissance, aux terres, aux seigneuries; ils abordent aux maximes qu'ils combattaient, aux hommes qu'ils renversèrent.

Parlerai-je des gens d'affaires ? Inventions, ma-
nœuvres, dédales, procès, ruines.

L'argent, c'est toujours le mot. De fonctions
gratuites, il n'en est plus. Non, regardez-y de près,
il n'en est plus.

Rayez tous les noms sacrés, la famille, l'amitié,
l'amour. L'intérêt fait les époux, les amis, les parens; la personne n'est rien ; c'est l'argent qui est,
c'est l'argent qu'on aime (1).

Oh ! qu'il semblerait étrange celui qui de nos
jours se prendrait d'un goût sincère pour les choses innocentes, trouverait des charmes à la vie mo-
deste, exempte de désirs (2), aimerait comme on
aimait jadis, ou, poète, ami des arts et des hom-
més, offrirait aux yeux un de ces tableaux naïfs si
familiers à Fénelon! qui le comprendrait? Y a-t-il
encore une nature? des beautés simples? un soleil
qui se lève? du bonheur dans les champs ? la candeur n'est-ce pas de l'ineptie ? et l'intelligence est-
ce autre chose que du savoir-faire ?

Ah! si la corruption était comme autrefois relé-
guée à la cour! si, du moins, elle s'arrêtait à la
richesse! mais elle a pénétré partout, les moindres villages en sont atteints. L'artisan, le laboureur, rêvent aussi la fortune. Ils la veulent, comme
ils l'ont vue, rapide. Ils trouvent que la probité ,
la bonne foi, sont trop lentes ouvrières, et la pro-

(1) A notre époque l'argent peut tout, fait tout, est tout. (GOZLAN.)

(2) Heureux, disais-je, ceux qui se dégoûtent des plaisirs violens, et
qui savent se contenter des douceurs d'une vie innocente! (FÉNELON.)

bité, la bonne foi, ont cessé d'être en honneur parmi eux(1). D'un bout de la France à l'autre, au sein des villes et dans les champs, même travail des esprits, même feu dans les têtes, mêmes rides aux fronts. N'exceptez pas la jeunesse, il n'y a plus de jeunesse. On calcule, on est ambitieux, on ne fait plus de folies, on est vieux à vingt ans (2)! Nos jeunes hommes sont, dit-on, républicains; ils voudraient transporter chez nous Rome, Sparte, la liberté américaine. On se trompe. Ce qu'ils veulent, en effet, c'est, n'étant rien, devenir quelque chose, être, que sais-je? consuls, éphores, présidens, riches surtout. Qu'un décret proclame la république, mais dispose en même temps qu'ils n'y seront que simples citoyens, sans pouvoir, sans honneurs, et vous verrez s'évanouir en ridicule désappointement ces airs de Romains, de Spartiates, d'Américains.

L'ambition, en possédant tous les hommes, les rend tous malheureux. Voulez-vous excepter (exception peu fondée) ceux qu'élève la roue de la fortune? Mais le reste, cette multitude qui, quoi qu'elle fasse, ne s'élèvera jamais, le reste, peuple innombrable, nos frères,

______

(1) Si nous pénétrons dans les classes qui vivent de salaire, de travail, le mal est bien plus grand. (GUIZOT.)

Le pauvre a gardé la plupart des préjugés de ses pères sans leurs croyances; leurs croyances sans leurs vertus ; il a admis, pour règle de ses actions, la doctrine de l'intérêt. (DE TOCQUEVILLE.)

(2) Ils sont parvenus à l'âge de maturité sans avoir passé par celui de l'adolescence. (BALLANCHE.)

souffre de ses désirs, maudit son impuissance, porte envie aux riches, haine aux vainqueurs.

Avec le nombre des riches croît le nombre des domestiques, des artisans, des pourvoyeurs de luxe et de plaisirs. Ainsi les états déchoient de leur dignité ; ainsi descend le niveau populaire ; ainsi se remplissent les cités et se vident les campagnes; ainsi, moins partagés, deviennent excessifs les travaux des paysans. La vie rustique n'a plus d'attraits (1), et l'on ne soupire que pour les villes. Eh ! pourquoi nos paysans s'attacheraient-ils aux champs qu'ils fertilisent ? d'autres champs les virent naître, d'autres les verront mourir. Entre les fermiers et le propriétaire aucun autre lien que l'argent (2). Il ne tient à eux qu'en proportion de ce qu'ils paient. Il n'y tiendra plus si l'envieux voisin fait luire à ses yeux un plus haut prix. Les congés, les saisies, mesures cruelles, ne sont plus rares ; la loi les autorise, et tout est dit. La loi, c'est la conscience, et l'on se croit honnête homme en ruinant vingt familles (3).

Nous leur donnons l'exemple de la dureté, ils le suivent. Ils sont encore plus durs, plus avares que nous (4). Malheur à qui dépend d'eux ! Pour lui les

(1) L'agriculture n'est plus en honneur. (Lacave-Laplagne.)

(2) Pour toi, le laboureur est un rustre qu'on paie. (V. Hugo.)

(3) Ils renvoient les hommes tout nus, et ils ôtent les habits à ceux qui n'ont pas de quoi se couvrir pendant le froid. (Bible, livre de Job.)

(4) Ces corps frustes, ces ames calleuses, sont aussi bien partagés que les gens de la ville en cupidité, astuce et fourberie. (Gozlan.)

Passez à la dernière classe de la société, vous aurez trouvé la race

plus rudes travaux, les plus minces salaires. Que dis-je, des travaux, des salaires ! ne croyez pas, bien que ce soit l'opinion commune, que quiconque demande obtienne toujours du travail. Les maîtres en sont ménagers comme d'argent. Ils en retiennent pour eux tout ce qu'ils peuvent, au delà de leurs forces. Ce qu'ils en cèdent, c'est par nécessité, et ce n'est qu'aux plus actifs, aux plus forts. Faibles, vieux, infirmes n'y ont aucune part. La spéculation rejette tout ce qui ne sert qu'à demi. Voyez donc, mon cher D. (cette vue doit affecter un ami de l'humanité), voyez au dessous des hauteurs qu'occupe la richesse, le peuple, tout le peuple, en proie à cette alternative d'un travail dévorant, sans mesure, sans répit, ou d'un repos accablant, sans désennui, sans pain. Ne traitez pas de chimère la détresse du peuple ; mais, pénétrant jusque dans ses retraites, étudiant la vérité sur sa vie physique, sur sa vie morale, témoin, pour ainsi dire, des mouvemens de ces ames qui sentent et pensent et songent comme les nôtres, dites si, à ce degré où les rangs sont si pressés, où flottent obscurs, mais innombrables, les drapeaux populaires, la société est heureuse !

Ceux qui vivent dans les champs souffrent et maudissent en silence. Isolés, ils sont timides et cachent le fond de leurs cœurs..... Mais entendez la plainte qui s'élève des ateliers ! Je m'ar-

d'hommes la plus égoïste, la plus avare, la plus rusée, la plus destituée de principes moraux qui se meuve sur la face de la terre. (NODIER.)

rête à ce mot. Là est peut-être un abîme. Les ateliers sont la plaie caractéristique de notre époque. On y rencontre le dénûment, les vices, les audacieuses et folles tentatives. On y peut observer l'avarice des maîtres, les anti-sociales prétentions des ouvriers (1). Dans ces lieux se fabriquent nos prospérités ; ils resplendissent des plus éblouissantes créations de l'homme, et dans ces lieux, plus qu'ailleurs, l'homme est misérable et avili!

Ne nous étonnons plus si les crimes se multiplient. Les principes qui y conduisent fatalement, quand les circonstances concourent, sont nos principes. Tous les temps, sans doute, ont vu des attentats, mais aussi nombreux, d'une telle nature, il est permis d'en douter. Ce qui, du moins, est inouï, c'est de voir des jeunes hommes d'une rare instruction, des écrivains, des poètes, se faire tout d'un coup voleurs, assassins, sans honte, sans remords, comme on prend un honnête métier (2); c'est de les voir exposer avec dignité leurs systèmes devant des juges qui les condamneront, mais qui n'ont rien à répondre si, comme eux, ils admettent l'intérêt pour règle suprême. Faut-il vous retracer l'histoire de ces malheureux ? Leurs pères, n'ambitionnant pour eux que la richesse et le clin-

(1) Le pauvre et le riche semblent avoir trouvé des raisons nouvelles de se haïr. (De Tocqueville.)

(2) Les héros du crime lisent à merveille, écrivent correctement, parlent quelquefois latin; et font d'assez bons vers pour des vers de Bicêtre. (Nodier.)

quant d'un rôle, s'épuisèrent à les pourvoir de sciences, de talens, négligèrent l'inutile vertu, et, les poussant, ils leur dirent : Fais ton chemin. Pauvres enfans ! Ils parurent en effet dans le cirque. Mais que virent-ils ? une multitude infinie courant un même but, toutes les voies encombrées : ils tentèrent de se faire passage, ce fut en vain. Alors le désespoir les prit, et, la faim pressant, il leur vint ces idées : Pourquoi sommes-nous pauvres ? La société nous délaisse, nous ne devons rien à la société ! Et leurs cœurs s'envenimèrent , et leur vie ne fut plus qu'un tissu de crimes et de malheurs !

Comptez maintenant, si vous en avez le courage, ces autres infortunés qui , lassés du fardeau de la vie, le déposent, et, tout jeunes, brisent leur trame avec dégoût et sans regret (1) !

Il s'en faut peu, mon ami, que mes larmes ne coulent sur ces pénibles scènes. Oui , toute ma sympathie est pour les malheureux ! Oh ! quelle accusation contre nos mœurs que l'horrible carrière , la fin prématurée de tant de jeunes hommes ! Oh ! terre aride ! Quoi, nul souvenir de religion qui retienne, purifie et console ! la mort et la nuit ! pas une étoile au ciel !

Ainsi, mon cher D., plus j'avance dans l'examen

---

(1) Eh quoi ! la mort volontaire n'est-elle pas tellement multipliée que l'homme semble jouer avec sa vie, comme avec une chose vile ! N'invente-t-on pas tous les jours des moyens rapides et doux d'échapper à la vie comme à un fardeau ! (LAMARTINE.)

Qui est-ce qui aime la vie au temps où nous sommes ? (G. SAND.)

des faits, moins je me persuade que nous soyons un peuple heureux. J'entends dire partout qu'un grand malaise se fait sentir en France; qu'on n'y trouve ni esprit public, ni esprit de famille, que l'égoïsme règne. On voit naître, même parmi le peuple, de ces maladies qui attestent le travail et le tourment des têtes. A tout moment le sol retentit de chutes qui en entraînent d'autres, et font que chacun regarde avec trouble autour de soi. Les sermens se prodiguent et sont avilis. Nul ne se fie aux autres. On s'enferme en soi, on s'isole. L'air qu'on respire a quelque chose de glacial, et nous vivons sous un ciel d'airain !

Telle est notre époque. Elle n'est pas celle de la vertu ni du bonheur ; est-elle du moins, comme on la nomme, l'âge des lumières ?

Je ne méconnais pas les progrès de l'intelligence. Tout un ordre d'idées lumineuses, fondamentales, a son foyer en France et rayonne dans l'univers. C'est pour cette raison que j'ai confiance dans l'avenir. Toutefois, que ces clartés si vives ne nous empêchent pas de sentir les ténèbres qui s'y mêlent. De magnanimes théories, la souveraine et pure équité, ont passé comme principes dans le nouvel ordre social. On a proclamé solennellement ce qui est dû à l'homme, aux peuples, à tout le genre humain ; on a fait plus, au souffle de ces idées un régime antique, vaste, profond, a disparu ; que votre esprit se rappelle tant de maximes fausses, d'insolentes prétentions, de préjugés honteux. Ils ont été bannis de la scène sociale. Mais , par un contraste dont tous les yeux sont frappés, ces fausses idées, ces prétentions vaines, ces humiliantes distinctions sont plus vivantes que jamais au sein des habitudes privées. Nos maximes publiques sont l'égalité, point de priviléges, point de droit de naissance, l'accès pour tous à tous les emplois publics, le mérite seul fondant les différences. Qui donc connaissez-vous qui se contente de l'égalité ? je ne dis pas de la chimérique, mais de la praticable égalité (1). Fénelon, cet homme divin, appelait un paysan son frère et le croyait son égal. Les inégalités de ce petit monde s'effaçaient à ses yeux devant l'égalité du grand monde à venir. Mais pour nous, où donc est l'égalité ? son principe n'est point ici-bas. Ici-bas domine en souveraine l'inégalité (2). Or, nous n'avons foi qu'aux choses d'ici-bas ; comment donc croirions-nous à l'égalité ? Elle a sa place dans nos lois, elle n'en a point dans le commerce de la vie. On va répétant qu'il n'y a plus d'aristocratie en France, et il me semble ne rencontrer que nobles devant mes pas. Où fuir assez loin pour être à l'abri d'un ton protecteur, d'un dédain ? et fondés sur quoi ? mon Dieu ! je l'ignore. Sur des airs, un coup de fortune, l'ombre d'un

(1) L'égalité est dans nos pensées actuelles, mais elle est bien loin d'être dans nos mœurs. Nos mœurs sont éminemment aristocratiques. (BALLANCHE.)

(2) L'égalité parfaite, absolue, des positions et des avantages annexés à chaque position n'est point dans les lois de la nature. (LA MENNAIS.) Bien que cette vérité soit vulgaire, elle est remarquable sous la plume de M. de La Mennais, surtout avec les développemens qu'il lui donne dans son *Livre du Peuple.*

nom, de l'argent, des places. Tel personnage se porte champion de l'égalité, adversaire infatigable des tendances aristocratiques, qui ne voudrait pas qu'on le rencontrât obscurément à pied, et triomphe au fond de l'ame de ses laquais, équipages, livrées.

Les emplois, s'écrie-t-on, appartiennent au seul mérite. Il est vrai, cela fut ainsi décrété. Mais que le mérite dispute un prix à la médiocrité, les vœux, les influences cachées, les services d'ami, les chances seront pour la médiocrité.

On aurait tort pourtant d'accuser le siècle d'hypocrisie. Non, le siècle n'est pas hypocrite. Il y a confusion, chaos; lutte violente des opinions et des mœurs (1); tendance de l'esprit vers les hautes et pures régions, et du cœur vers les bas sentiers du sordide intérêt.

L'ame, ainsi combattue, ne saurait avoir de véritable essor. En vain l'intelligence ouvre ses nobles ailes, l'égoïsme du cœur les replie et les

______

(1) Je cherche en vain dans mes souvenirs, je ne trouve rien qui mérite d'exciter plus de douleur et plus de pitié que ce qui se passe sous nos yeux; il semble qu'on ait brisé de nos jours le lien naturel qui unit les opinions aux goûts et les actes aux croyances; la sympathie qui s'est fait remarquer de tout temps entre les sentimens et les idées des hommes paraît détruite, et l'on dirait que toutes les lois de l'analogie morales sont abolies. (Dᴇ Tocqueville.) Plus bas l'auteur dit : « Où sommes-nous donc ? Les hommes religieux combattent la liberté, et les amis de la liberté attaquent les religions; des esprits nobles et généreux vantent l'esclavage, et des ames basses et serviles préconisent l'indépendance; des citoyens honnêtes et éclairés sont ennemis de tous les progrès, tandis que des hommes sans patriotisme et sans mœurs se font les apôtres de la civilisation et des lumières! »

enchaîne; car l'esprit obéit au cœur; il plane ou
il rampe avec lui.

Parcourons d'un regard les œuvres contempo-
raines. La littérature.... chacun en déplore la fade
et stérile abondance. Dès les premières pages, vous
reconnaissez que l'auteur n'avait d'autre objet que
lui-même. Il n'a pas cherché consciencieusement
et long-temps ce qui est vrai, juste, utile, pour en
composer sa pensée et lui donner cours par le langage. Il n'a voulu que plaire, acquérir un nom, et
sur ce nom bâtir une fortune, accueillant la vérité
comme moyen, non comme but, sans ardeur pour
elle, et sachant y suppléer par de grands mots,
des sophismes (1). Aussi ne demandez pas au style
la simplicité vraie, l'élan sans effort, la force qui
n'est pas la violence, la grace. N'y cherchez pas le
cachet de l'auteur. C'est l'inspiration, c'est l'ame,
qui donnent le naturel, la force; c'est la vérité qui
imprime à chaque style, comme la nature à chaque
visage, une physionomie distinctive : aussi tous
les styles se ressemblent, ni bons ni mauvais. Ils
portent, je dirais presque une même livrée; ce qui
fait penser au vulgaire que, de nos jours, tout le
monde écrit bien.

A un peuple qui dégénère, il faut une littérature dégénérée. Comprendrait-il la tragédie qui
élève la scène, grandit les personnages, émeut les
passions héroïques, ne sait parler qu'un solennel.

______

(1) Les plus grands écrivains ne cherchent qu'à produire de l'effet par
tous les moyens. (DE SADE.)

langage? Tout, dans la tragédie, respire la grandeur, même les crimes. Haute et magnanime est
la nation qui goûte la vraie tragédie.

La comédie, qui aime le naturel, l'air libre, le
franc parler, ne sait que devenir avec nos mœurs
guindées, froides, déclamatrices. Et, d'ailleurs, on
ne rit plus en France. Le siècle est vicieux, mais il
n'est pas ridicule. Qu'aurait donc à faire la comédie?

Restent les genres bâtards.... Le vaudeville,
c'est-à-dire une miniature de mœurs, le sourire au
lieu du rire, des allusions, des finesses, des pointes.
— Le drame, mélange monstrueux d'horreurs et
de burlesque ; les obscénités au lieu d'amour ; la
scélératesse au lieu de forfaits ; sur la scène, des
brigands, des traîtres, des courtisanes, des fous.
— L'opéra, bruit, pompes, féeries, magnificence
et vide. — Le roman.... Cette époque voit régner le roman, non tel que l'avaient conçu des
ames enthousiastes à qui le monde réel ne pouvait
suffire, et qui lui substituaient les rêves enchantés
de leur imagination ; non pas non plus le roman, fidèle miroir, satire ingénieuse des scènes de la vie,
mais le roman, image dégradée de l'histoire, sorte
de bazar où l'on trouve toutes choses, philosophie et scandale, religion et athéisme ; ni la franche licence, ni la pure morale; un je ne sais
quoi vague, qui n'a ni un nom, ni une forme, ni
une couleur; qui les a tous; énigme dont le mot est
peut-être ce qu'on lit dans les feuilles qui an-
noncent l'ouvrage : *le nombre des volumes et le
prix.*

Ce sont là nos lectures. Plus d'histoire; à sa place, des résumés, des mémoires, des articles. Les plus profondes éruditions se puisent dans les recueils, biographies, compilations de toutes sortes, livres faits avec des livres, ouvrages à l'entreprise, qui n'avancent pas la science, mais favorisent les airs savans et rendent si communs le charlatanisme et la duperie.

Une gloire, cependant, semblait être réservée à notre époque. Jamais l'éloquence n'eut des circonstances si propices. Jamais intérêts si puissans, si universels; jamais situation qui ait dominé de si haut un si vaste avenir. Quelle tribune que la tribune française! Que de retentissement ont ses moindres paroles!..... Croyez-vous, mon ami, que je me fasse un jeu, moi obscur, de rabaisser les illustrations, les gloires, l'élite intellectuelle du pays? mais la vérité m'est plus sacrée encore. J'oserai dire aux hommes qui représentent la France que la France les juge sévèrement. Il est visible qu'ils ont dans le cœur plus de passions égoïstes, de vanité, que de zèle pour le bien public. Les débats parlementaires font voir des intérêts qui se heurtent, non des esprits qui s'éclairent. J'entends d'ici les invectives, les reproches, les sanglantes accusations (1). Qu'est-ce donc qu'une éloquence qui ne se nourrit que de fiel et n'est teinte que de noires couleurs? Éloquence meur-

_____

(1) La tribune ne retentit encore que de redites sans écho dans l'avenir. L'on s'y bat avec des noms d'hommes. (LAMARTINE.)

trière, qui ne pardonne jamais, jamais ne se souvient du ciel. L'éloquence n'est donc plus divine!
Toute véhémence, quels qu'en soient la cause, les
effets, mérite ce beau nom! L'antiquité en jugeait
autrement; une éloquence, si elle n'était vertueuse,
n'était pas à ses yeux l'éloquence!

Je m'étais proposé d'étendre plus loin ces tableaux, et de suivre jusque dans les arts les traces
de notre décadence. Le courage me manque, et
vous manquerait à la fin. D'ailleurs, que vous ap-
prendrais-je? Les arts, on le sait, partagèrent toujours le sort des lettres. Aujourd'hui nulle œuvre
de génie. La peinture et la sculpture ont perdu le
secret des immortelles créations, et sont descen-
dues, comme les lettres, aux genres, aux sujets
subalternes. Un artiste ne se contente plus de la
gloire, il lui faut la richesse. Que ferait-il de chefs-
d'œuvre qu'on ne lui paierait pas? Si, pourtant, la
vue des parfaits modèles l'excite à puiser aux sources sacrées, le succès ne couronne point ses efforts.
Au lieu d'anges, son génie n'anime que des formes
humaines, parce qu'il n'a pas la croyance qui
ouvre le ciel aux artistes et divinise leurs pin-
ceaux.

Pour qui n'estimerait que le nombre et le luxe
des édifices, l'architecture serait à l'apogée de sa
gloire. L'œil est ébloui d'arcs, de colonnes, de fron-
tons, de marbres, de sculptures; l'imagination même
est frappée de masses gigantesques s'élevant dans
les cieux. Mais est-ce injustice de refuser à l'ensemble la simple grandeur, aux détails la pure

exécution (1)? Est-ce injustice de prétendre qu'ils n'ont pas de ces traits qui différencient profondément une œuvre d'une autre, en marquent la spéciale destination? Deux édifices se présentent d'une égale élégance, de formes pareilles. L'un et l'autre s'élèvent entre mille colonnes. Vous diriez, à les voir, qu'une même pensée les fit naître, et vous jugeriez que leur sort est le même.... Dans l'un on prie, on s'incline devant Dieu; dans l'autre on joue, on n'encense que l'or! Et cet hôtel si somptueux, qui voit couler à ses pieds la Seine, quel sera son destin? Il est propre à tout, répond un ministre; il n'est donc propre à rien, répliquerait un artiste.

Mais les sciences, direz-vous, ne font-elles pas honneur à notre époque? niera-t-on leurs progrès, leurs prodigieux résultats? Je ne les nierai point; cette palme est belle, glorieuse. Je ne les nierai point, et ils viendront témoigner que l'homme, privé des idées religieuses, est incapable d'être heureux. Tous les efforts de l'esprit humain se sont concentrés sur l'*utile*, le *bien-être* (2). La science, avec ses leviers, ses découvertes, ses prestiges, s'y est toute dévouée. Là s'est jetée la fougue française et se montre encore notre supériorité. Il serait immense le catalogue des commodes inven-

---

(1)   Passant que l'art anime ,
    Je ne regrette rien devant ton mur sublime (l'Arc de triomphe)
    Que *Phidias absent*. (V. Hugo.)
(2) L'homme, vers le plaisir se ruant par cent voies ,
    Ne songe qu'à bien vivre. (V. Hugo.

tions de nos jours. Vie intérieure et voluptueuse, vie agitée, voyages, plaisirs de l'esprit, jouissances des sens, on a pourvu à tout. Soyez riche et ordonnez. Rien ne gêne le riche; il descend la vie au son des instrumens et couché sur des fleurs...

Vous avez vu ce qui se passe au chevet des mourans. Dans ces momens suprêmes, rien d'extérieur ne manque à l'homme. Ses moindres signes sont obéis. Autour de lui, pas un mouvement qui ne soit pour aider sa faiblesse, endormir ses douleurs, lui susciter une joie. Il souffre cependant, il dépérit, et la mort qui s'avance ne sera point conjurée par ces vains palliatifs. Il faudrait au malade des remèdes plus pénétrans, plus énergiques.... Telle est en ce moment la France.... Un mal intime la consume. Je vois bien qu'on la distrait par le travail, les entreprises, les douceurs et l'éclat d'une civilisation matérielle. Rien n'est oublié de ce qui est accessoire à la vie; mais la vie même se retire (1). Des voix lugubres osent annoncer une prochaine dissolution (2)! Je me confie en d'autres présages.... Mais le mal récent est certain, le remède quel est-il?

(1) La société est tranquille, non point parce qu'elle a la conscience de sa force et de son bien-être, mais, au contraire, parce qu'elle se croit faible et infirme; elle craint de mourir en faisant un effort; chacun sent le mal, mais nul n'a le courage de chercher le mieux. (DE TOCQUEVILLE.)

(2) Nous ne sommes plus rien, nous ne sommes plus ni bons, ni méchans; nous ne sommes même plus lâches, nous sommes *inertes*. (G. SAND.)

Le monde est indifférent; il est sourd, il se couche, il se bouche les oreilles *pour mourir en paix*. (Idem.)

M: Nodier va même plus loin; il dit : Si vous mettez la main sur la place où palpitait le cœur du corps social, vous sentirez qu'il ne bat plus.

TROISIÈME LETTRE.

Puisse un rayon du ciel déchirer le nuage
Qui couvre trône et temple et peuple et liberté!
(Lamartine.)

Ou nous périrons ou la religion nous rendra la vie à nous et à la société. (Saint-Marc Girardin.)

La religion! la religion! c'est le cri de l'humanité en tous lieux, en tous temps. (Guizot.)

Quelle est donc la ressource qui nous reste ? c'est de bien persuader l'existence de Dieu au puissant qui opprime le faible. (Voltaire.)

En Amérique , c'est la religion qui mène aux lumières; c'est l'observance des lois divines qui conduit l'homme à la liberté. (De Tocqueville.)

Oh! qui rendra à la génération actuelle la jeunesse de la foi, la fraîcheur de la croyance ! Le bonheur n'est que là , parce que là seulement est le repos. (Ballanche.)

Si Dieu lui-même ne veillait pas à la conservation du christianisme, j'oserais dire qu'il faudrait que les hommes s'en occupassent. (Id.)

Nous ayons plus encore peut-être à agir sur les mœurs publiques par de bons et d'utiles enseignemens, que sur notre législation par des lois nouvelles. J'ai été quelquefois effrayé de voir avec quelle facilité l'esprit courtisanesque, que je croyais à jamais détruit, se réveillait dans notre pays; combien la corruption , non celle d'argent, mais la corruption, beaucoup plus dangereuse, des faveurs et des places, corruption qui se solde aux dépens de la fortune publique et en fonctions qu'elle dégrade, s'exerçait avec audace et impunité. (O.-Barrot, 1837.)

Vous n'attendez pas , mon ami, que j'élève la voix et prenne le ton inspiré, comme si j'avais reçu une mission divine ou découvert, pour guérir nos maux, quelque secret merveilleux. Non : si quelque chose doit être approuvé dans ces lettres, que ce soit la candeur et la sincérité. Aussi bien, le charlatanisme n'est plus qu'une habileté vulgaire, tandis que la franchise, un illustre orateur l'a dit, est l'épée même d'Alexandre.

Puisque, sans religion, il ne saurait y avoir pour un peuple ni lumières, ni moralité, ni bonheur, le gouvernement qui veut de bonne foi ces biens pour le pays doit vouloir, avant tout, lui donner la religion. Mais quelle religion ?

On reproche au christianisme d'être vieux, de ne plus satisfaire la raison, d'être en arrière du mouvement de l'intelligence humaine. J'accepterais la tâche, car elle est facile, de démontrer que le christianisme est toujours jeune, plein de vérités éternelles, que son immensité suffit à tout progrès, à toute liberté, à toute lumière, à tout bonheur; que mille et mille ans passeront avant que soit parcouru le champ qu'il ouvrit à l'intelligence, au perfectionnement des hommes (1). Mais à cette œuvre je vois employés (noble emploi, présage heureux !) les plus beaux génies de ce siècle. Et la France approuve ces hommes, et la France sait bien que, hors du christianisme, il n'est pas de religion possible pour elle. Elle ne regarde même pas ces folles entreprises, ces religions sans

(1) La religion fondée par le Christ s'est toujours heureusement prêtée à tous les degrés possibles de civilisation. Il est donc faux que la civilisation continuant sa marche progressive, l'évangile cesse un jour de se trouver en harmonie avec elle. (Silvio Pellico, traduction.)

croyances, qui essaient de s'élever, tombent et disparaissent (1). En France, la religion, c'est le christianisme.

Mais quoi ! subsistera-t-il sans modification ? Faut-il respecter la forme à l'égal de l'esprit ? Ou n'est-il pas permis, en gardant l'un qui est divin, de changer l'autre qu'on dirait être de la main des hommes ?

Lorsque la foi vivait encore, des écrivains, des orateurs, d'une bien autre autorité que l'ami inconnu qui vous consacre ces lettres, trouvèrent, pour combattre ces doctrines alors naissantes, des argumens d'une telle hauteur que l'éloquence n'a pas souvenir d'un si puissant langage. Abaissée au point de vue purement humain, seul point de vue où je veuille et puisse me placer, la question n'est point encore dépourvue d'intérêt et de grandeur. Une religion, dans les idées, les habitudes, les nécessités d'une nation, n'est pas seulement une prière à Dieu, des préceptes de morale, un spiritualisme pur, elle est une organisation, elle a un corps et une ame. Des dogmes, des mystères, des sacremens, un culte, des pompes, une hiérarchie, constituent, avec une morale sublime, ce qui s'appelle en France la religion. Tous ces traits contribuent à former cette belle et majestueuse figure que les plus petits connaissent, nomment,

______

(1) Les esprits, après une époque de doute, se sont sentis mal à l'aise dans le doute. De là ces tentatives non moins vaines qu'ardentes pour créer une religion nouvelle. Comme si l'on créait une religion ! (La Mennais.)

vénèrent. Il ne serait pas plus possible de séparer du tout l'une de ses parties qu'il ne le fut à Hercule, passez-moi ce rapprochement, de détacher de son corps la tunique de Déjanire. Ah! que cet ensemble, si admirablement coordonné, se modifie lui-même, selon ses propres lois et dans le cercle de ses pouvoirs, toute la chrétienté se réjouira, et, à ces signes de vie, reconnaîtra l'impérissable Eglise (1). Mais qu'un gouvernement, de froids politiques, portent la main sur les choses sacrées; qu'ils réforment, élaguent, mutilent; les croyans, le peuple, les gens sensés ne verront plus dans ce qui restera la *vraie* religion. Qu'est-ce donc qu'une vérité qu'on fait, qu'on change et qu'on refait? Qu'est-ce qu'une religion que des hommes perfectionnent? Elle datait de l'origine des siècles, vous la faites dater d'hier! Elle ne portait qu'une empreinte divine, vous y imprimez vos mains d'hommes! Vous faites d'elle comme de vos lois sans cesse retouchées, abolies, remplacées, jamais fermes et durables. La vérité cependant est une, éternelle, immuable. Sans ces mêmes caractères, une religion n'est pas une vérité. Ceux qui murmurent les mots de réforme, de protestantisme, ne savent donc pas, d'ailleurs, que les innovations

____

(1) Sans doute, pour l'adapter à ce qu'il y a de nouveau dans le monde, pour prendre, dans notre ordre social, la place et l'action qui lui conviennent, le catholicisme a quelque chose à faire, beaucoup à faire; *mais qu'il reste lui-même, bien lui-même;* qu'il n'abdique point *son origine, son histoire, sa doctrine, sa loi;* qu'il *ne se prête à aucune lâcheté, aucune hypocrisie.* (GUIZOT.)

religieuses ne réussissent que chez les peuples en qui surabonde le sentiment religieux (1). La réforme, le protestantisme ! nous ne sommes pas même chrétiens ! J'ignore quels établissemens ou quelles ruines sont encore réservés à cette génération, mais j'affirme qu'elle ne fondera pas une religion nouvelle (2).

En parlant ainsi, je n'ai point à combattre l'opinion générale. Peuple, gouvernement s'aperçoivent du vide affreux que la religion a fait en se retirant. De tous ces cœurs glacés, mais soufrans, s'échappe le vœu de voir refleurir la foi de nos pères, non avec les abus, l'ignorance, mais avec les mœurs antiques (3). D'où vient donc que cette foi, regardée par tous comme un bien, souhaitée et secondée du pouvoir, tarde tant à reparaître ? Il en est sans doute plusieurs causes, mais l'une d'elles est principale, et suffirait seule à expliquer l'état moral de la France. Depuis un de-

(1) On a remarqué que, dans les siècles de ferveur religieuse , les hommes changèrent quelquefois de croyance; tandis que dans les siècles de doute chacun gardait obstinément la sienne. (DE TOCQUEVILLE.)

(2) Qu'on lise les ouvrages de M. Guizot, protestant, et surtout ses derniers articles dans la *Revue Française*, on verra que, loin de désirer que la France se fasse protestante, il l'engage à rester, à devenir plus fortement catholique.

(3) Le genre humain tout entier regrette une patrie qu'il a perdue. (BALLANCHE.)

A présent, abaissées vers la terre , perdues dans les ténèbres et le vide de ce qui passe, les ames aspirent à la lumière, au bien immuable, infini; elles ont soif de Dieu. (LA MENNAIS.)

mi-siècle, le peuple a vu tous les partis qui se sont succédé inscrire de belles devises sur leurs bannières, et, à l'aide de ces mots, l'émouvoir, l'entraîner, le pousser où ils voulaient. Et toujours, toujours, il a vu les paroles servir à ceux qui les avaient produites, rapporter des biens peu certains et des maux réels à ceux qui les avaient écoutées. Le peuple est donc devenu défiant. Tant de fois abusé, il n'ajoute plus foi à nos discours (1). Ce n'est pas qu'il nous méprise ; il nous mépriserait s'il était meilleur que nous. Il nous estime, au contraire, comme d'habiles joueurs au jeu de la fortune. Il nous étudie, il voudrait pouvoir nous imiter. Il écoute nos paroles ; non pour y croire, mais pour apprendre à parler comme nous. Il n'agit plus comme on lui dit d'agir, mais comme il voit que nous agissons. En un mot, nous sommes ses modèles, et nous ne sommes pas ses guides. Si donc nous prétendons lui imprimer une direction, il nous faut, non discourir, mais payer d'exemple, et marcher en avant. En voulez-vous une preuve convaincante ? j'aurai plaisir à vous l'offrir. Il s'agit d'un fait récent, fait glorieux, de la prise même de Constantine. La ville d'Achmet est notre conquête, le sort des armes l'a mise sous nos lois ; vous tenez-vous sûr que le résultat eût été le même si les chefs ne s'étaient pas offerts

---

(1) On s'est plaint que le pays n'ait pas de croyances. Quelles croyances voulez-vous qu'il ait conservées ? tant de révolutions l'ont trompé !

(Pelet de la Lozère.)

les premiers aux coups pressés de la mort (1)? Un général, les plus vaillans capitaines y ont péri. Un jeune prince semblait appeler sur sa tête toutes les foudres ennemies. Je sais tout ce qu'on peut dire, et je n'ai garde de le contester, sur l'héroïsme naturel aux officiers français; mais pourquoi, dans cette journée, la mort a-t-elle plus que jamais moissonné dans leurs rangs? Pourquoi cette fureur inouïe à courir au devant d'elle? Pourquoi? C'est que, dans les momens critiques, entre la gloire et la honte, quand tout est sérieux, solennel, quand le secret échappe aux cœurs, cette vérité ressort éclatante, qu'aux temps où nous vivons, bien plus que dans les temps passés, c'est aux chefs, s'ils ont besoin du peuple, à faire tout d'abord ce qu'ils prétendent qu'il fasse, à lui en donner intrépidement l'exemple. Et, pour revenir à mon sujet, nous, les premiers du pays, nous sommes, cela est certain, vides de croyances religieuses..... le peuple est vide de croyances religieuses. Mais nous disons : *Il faut de la religion au peuple;* ainsi parlent gouvernement, grands de l'état, fonctionnaires, bourgeois; ainsi répètent le marchand, l'ouvrier, le rustre penché sur ses guérets, le mendiant dans la rue; mais personne ne veut être peuple, et la religion n'entre au cœur de personne (2).

---

(1) Les officiers ne disaient pas *en avant,* mais *suivez-nous.* (DUPIN.)

(2) Le génie chrétien est devenu le génie social. Nous n'entendrons plus répéter cet absurde et méprisant adage : qu'il faut une religion au peuple, comme si la religion n'était pas bonne pour tous. (BALLANCHE.)

Ministres, députés, pairs de France, hauts et bas fonctionnaires, riches, vous tous qui, à des degrés différens, occupez quelque sommité, voulez-vous voir reprendre et reverdir en France l'antique religion? ayez de la religion. Votre conscience est libre, et nul n'a droit d'interroger votre foi; mais que, dans ce for inviolable, soit entretenu le feu sacré! que Dieu, que le devoir y règnent (1)! Dédaignez l'artifice des éclatantes démonstrations, mais soyez d'abord, soyez avec vérité, ce que toute religion veut qu'on soit au fond de l'ame; ce que, philosophe ou simple dans sa foi, protestant ou catholique, à quelque symbole qu'on se range, et n'eût-on fait choix d'aucun, nul ne saurait, sans remords et sans honte se dispenser d'être. Justice, modération, intégrité, désintéressement, sont de tous les cultes. Le sentiment universel les proclame vertus; ayez ces vertus. Hommes publics, ne soyez les hommes ni de vous, ni de vos proches, ni de vos amis (2), mais les hommes du seul pays. Que vous proposé-je? des vertus franches, effectives. Qui donc oserait prétendre que de telles vertus ne sont pas

(1) On ne sait pas assez tout ce qu'il y a de puissance dans le sentiment du devoir. Une vie tout entière au devoir est bien aisément dégagée d'ambition. (TALLEYRAND.)

(2) Quand il faut faire la fortune des amis et des parens de tous ceux qui ont part au gouvernement, tout est perdu. (MONTESQUIEU.)

Fénelon, en entrant à la cour, s'était imposé deux lois auxquelles il ne s'est jamais permis de déroger: la première, de ne jamais demander de grace pour lui; la seconde, de n'en jamais demander pour ses parens ni pour ses amis. (BAUSSET.)

faites pour lui? Que le pouvoir dispense d'être juste? Qu'il est bien de s'enrichir aux dépens de l'état, et qu'il y aurait folie à ne point profiter pour soi de son élévation? Ce n'est point, quelles que fussent vos paroles, en nourrissant ces maximes, que vous seriez propres à rétablir les mœurs, à faire revivre l'esprit religieux. Le peuple ne vous écouterait pas, il vous regarderait faire, et sa corruption ne serait point arrêtée par vos phrases sonores et vos fausses vertus. Il est un plus beau rôle, et je vous y convie pour le bonheur de la France et votre propre gloire. Surpassez vos concitoyens par les mœurs, comme vous les surpassez par l'autorité, les richesses. Ici, tout dépend de vous. La difficulté n'est pas dans les *choses*, dans ce *peuple* trop *difficile* à gouverner. C'est de vous, de vous qu'il s'agit, c'est par vous qu'il faut commencer. Commandez, vous serez obéis!

Lorsque le peuple vous saura, sans qu'il en puisse douter, hommes de bien, purs d'avarice, de vile ambition, le peuple sera changé, vous en aurez fait un peuple religieux (1). Il le sera à votre exemple, car vous-mêmes serez religieux. Quicon-

---

(1) Les efforts constans d'une administration toujours guidée par une haute moralité dans tous les degrés de la hiérarchie étoufferont cette barbarie. (Adresse de la Chambre des Pairs au Roi, 1837.)

Le vrai zèle de la vertu, c'est-à-dire l'affection de l'imiter, ne s'imprime point aux cœurs des hommes sinon avec singulière bienveillance et révérence du personnage qui en donne l'impulsion. (PLUTARQUE, traduction d'Amyot.)

que embrasse la vertu, et la vertu suppose les sacrifices, a foi en Dieu, dans l'ame immortelle, dans une vie future, ces bases fondamentales de toutes les religions.

Quelles que soient donc vos opinions religieuses, indépendantes ou soumises au joug de l'autorité, vous n'éprouverez que sympathie pour ceux qui croient d'un esprit simple tout ce que l'Eglise catholique enseigne, vous les aimerez; vous prêterez appui à la religion qu'ils professent. Mais vous n'agirez pas à la manière des faibles qui sans principes passent toujours les bornes, tantôt persécuteurs, tantôt si bas protecteurs, qu'ils ont plutôt l'air d'être protégés; vous agirez à la manière des forts qui envisagent d'un œil ferme les plus redoutables questions, posent au bien même sa limite, s'arrêtent devant ce qui est mal, évitent l'un et l'autre écueil. Loin d'être comme il s'est vu, dociles instrumens du clergé, vous puiserez dans votre vertu même, mieux que l'égoïste dans sa corruption, le courage de lui résister (1); mais vous serez ses amis. Il ne sentira point cette protection superbe qui humilie, et moins encore ces atteintes qui découragent, et trahissent l'antipathie.

Est-il besoin d'observer qu'il ne peut être ques-

(1) Les abus et les entreprises de la cour de Rome estoient venus jusqu'à tel poinct, que le Roy Sainct-Louis, quoyque très dévot au sainct siége, fit une Pragmatique, pour en arrester le cours en France............ ....François Ier, pour de vaines espérances, se laissa aller à abolir la Pragmatique et à faire le concordat. (MÉZERAY.)

tion d'intolérance ni de gêne contre les autres cultes ? Il s'agit de religion, amour, paix, bonté, par essence... l'intolérance, la persécution ne sont point, graces à Dieu, parmi les vices de ce siècle, et la religion, fille céleste, désavouerait ces impies auxiliaires. Un fait existe, il est notoire ; il est écrit dans notre loi fondamentale. Le catholicisme est plus vaste en étendue, plus profond en racines, que tous les autres cultes qui partagent avec lui le sol de France. Je demande que ce fait, au lieu d'être vain, stérile et comme enseveli dans nos lois, vive, se meuve, produise. Ce ne serait ni la suprématie, ni la religion d'Etat ; ce serait (quelle expression rendra ma pensée?) le vrai sens, la simple et naturelle application de ces mots de la Charte : *La religion catholique est celle de la majorité des Français* (1). Hommes du pays, respectez le pays. Ne vous y trompez pas, la foi est plutôt endormie qu'elle n'est morte dans les cœurs. Le peuple n'a pas secoué le joug autant qu'il se l'imagine ; puisque nous vivons, puisque la société n'est point dissoute, et que les doux noms de famille et de patrie y sont encore entendus, c'est que tout sang religieux n'est pas tari dans nos veines. Ah! si vous comprenez votre mission, votre temps, l'esprit des institutions que la France a conquises, pas une de vos paroles, pas un de vos

____

(1) La déclaration de la Charte ne constitue pas un privilége en faveur du culte catholique; elle énonce seulement que l'expression du sentiment religieux du peuple français est la religion catholique; ce qui est de toute vérité. (BALLANCHE.)

actes, ne porteront atteinte, ne seront une injure à la foi de la majorité, à la foi catholique (1).

Le rôle de l'homme public est superbe ! Il passe, il agit, il parle en présence du peuple. C'est lui qu'on connaît, dont on se fait honneur, qu'on imite ; il vit pleinement. Mais ce beau rôle impose la charge, belle aussi, d'être vertueux et grave entre tous. La popularité même, la vraie et durable popularité ne s'acquiert qu'à ce prix. Oui, l'amour du peuple, ses secrets penchans sont pour l'homme qui porte dans sa vie publique la crainte de Dieu, le sentiment du devoir, et qui puise ailleurs qu'en des titres fragiles, une grandeur naturelle plus digne et plus sûre des respects que l'élévation.

(1) M. Pagès de l'Ariège exprime la même idée dans un article fort bien fait, mais qu'il a eu le tort de diriger contre M. Guizot, l'un des hommes d'état les plus sincèrement religieux de cette époque. M. Pagès dit : *que l'esprit calviniste soit exclu des conseils de la couronne ; ce serait un éclatant hommage rendu par la royauté à la majorité religieuse.* Cet hommage éclatant a été rendu à la séance de la Chambre des Pairs du 3 janvier dernier (1838). *Je suis bon catholique,* se sont écriés tour à tour MM. de Brézé, Molé, le duc d'Orléans.

QUATRIÈME LETTRE.

J'ai voulu unir les intérêts de la religion aux intérêts politiques.
(Montesquieu.)

La religion chrétienne qui ordonne aux hommes de s'aimer veut sans doute que chaque peuple ait les meilleures lois politiques et les meilleures lois civiles, parce qu'elles sont, après elle, le plus grand bien que les hommes puissent donner et recevoir.
(Idem.)

La civilisation anglo-américaine est le produit de deux élémens parfaitement distincts, qui ailleurs se sont souvent fait la guerre, mais qu'on est parvenu, en Amérique, à incorporer en quelque sorte l'un dans l'autre et à combiner merveilleusement, l'esprit de religion et l'esprit de liberté. (De Tocqueville.)

Fonder un gouvernement, un vrai gouvernement, un gouvernement représentatif vrai et sincère, c'est là la grande promesse de 1830. (Guizot.)

Quel que soit le malheur des temps, quelque douloureux aspects qu'ils présentent, un ami de l'humanité, qu'aucune autre passion ne trouble, qui observe, pèse, mesure tous les événemens, croit avoir encore plus de sujets de se réjouir que d'être triste, des motifs plus puissans d'espérance que de crainte. Il voit s'élever au dessus de l'horizon , il voit grandir et se développer, par un progrès que rien n'arrête, un fait social, universel qui , dans la phase où il doit s'accomplir, semble avoir reçu pour mission de tout renouveler et tout régénérer sur la face de la terre. Ce fait est l'établissement en France, et la propagation dans le monde, du système représentatif. Fondé depuis plusieurs siècles en Angleterre, confiné dans cette île jusqu'à nos jours, admirez les effets qu'il y a produits. Quelle grandeur , que de vie dans cette nation ! quel ascendant sur toutes les autres ! quel développement d'industrie, de richesses ! que d'esprit public ! quelles mœurs privées ! *plus agitée dans ses terres que l'Océan qui l'environne* (1), elle a ses digues ainsi que l'Océan, et des grains de sable l'arrêtent. Peuple né avare, d'esprit rude et mercantile, c'est lui qui verse des flots d'or pour éteindre l'esclavage, abolir la pauvreté ; et sa destinée le pousse à affranchir un jour le commerce. Aujourd'hui, il se réforme lui-même. Il entreprend d'extirper de son sein les abus invétérés, les inégalités civiles, politiques, religieuses. Il veut refondre toutes ses lois. Cela se fait majestueusement, non sans agitations, mais sans naufrage. Inestimables bienfaits d'une merveilleuse constitution ! Et, pourtant, si vous remontez à la source de ce régime, vous le voyez, en des temps barbares, sortir violemment et à grand'peine de

(1) Paroles de Bossuet.

longues luttes, de guerres civiles, d'attentats aristocratiques s'aidant des fureurs populaires, de
lâchetés royales. Si vous l'étudiez tel qu'il est devenu, et qu'il s'est fait avec le temps chez cette
nation, il se ressent encore des aventures de sa
naissance; il est mutilé, défectueux dans ses pro-
portions, ébauche informe, mais ébauche pleine
de sève et de vie, vigoureux enfant des batailles.
Il s'est établi en France sous de meilleurs auspices.
Long-temps médité dans l'exil par un roi sage et
malheureux, c'est par un jour calme, jour d'oubli
et de réconciliation, qu'il a fait son entrée parmi
nous. Il est venu, précédé de lumières, devancé
par les réformes sociales; il est venu complet,
grand dès le berceau, harmonique dans ses pro-
portions. Mais, à ce fruit précieux d'une auguste
vieillesse il manquait peut-être la vigueur, les
traits mâles, je ne sais quoi d'assez libre et spon-
tané. Une révolution jeune, superbe, dans l'éclat
et la pureté de la victoire, lui a imprimé ces caractères, en lui donnant une seconde naissance·
Si donc ce régime s'est signalé en Angleterre par
de si magnifiques résultats, que ne fera-t-il pas en
France, nation aujourd'hui défigurée et mécon-
naissable, mais née généreuse, noble, intelligente?
Que ne fera-t-il pas, s'il n'est interrompu ou folle-
ment précipité dans son cours (1)?

(1) Malgré les maux que nous avons soufferts, malgré ceux que nous
souffrirons peut-être encore, il n'y a point lieu pour nous d'être tristes.
Les progrès de l'égalité sociale et les lumières de la civilisation ont précédé en France la liberté politique. Elle en sera plus complète et plus.

Le système représentatif a pour élément la publicité. Il accomplit pour tous le vœu de ce
Romain qui souhaitait que sa maison fût bâtie en
un lieu si apparent que le peuple, témoin de ses
actions, lui ôtât l'envie de mal faire (1).

Il tient pour maxime que la raison seule a droit
d'obéissance sur les hommes. Par le jeu de son
mécanisme, tout ce qui est intelligence, capacité,
mérite, luit, s'élève, gouverne. Infini dans ses sé-
ductions, il met une récompense à côté de chaque
service, remue tous les amours-propres, excite
toutes les émulations, depuis la cabane jusqu'aux
palais. L'égalité, dans ce système, consiste en ce
que, sur le terrain le plus inégal, nul n'est fixé
invariablement à la même place ; nul n'est grand
ou petit, quelque chose ou rien, que pour l'instant
qui passe et pour soi. C'est que le rang ne s'y
donne pas à la personne, mais au mérite, et le
mérite même cède la place à un mérite supérieur.
Les sciences, les lettres, les arts sont répandus et
vulgaires comme l'eau : qui le veut y puise. Aussi,
n'y a-t-il point, à proprement parler, de classes
éclairées, mais des individus éclairés. Les barrières
de tout genre sont abattues, les abîmes comblés.

pure. L'avenir promis à la France la dédommagera à coup sûr de ce qui
lui a manqué jusqu'à présent. (Guizot.)

(1) Drusus cum ædificasset domum promitteretque architectus ita se
eam ædificaturum ut libera a conspectu esset, neque quisquam in eam
despicere posset : Tu vero, inquit, si quid in te artis est, ita compone
domum meam ut quidquid agam ab omnibus perspici possit. (Velleius
Paterculus.)

Tous les citoyens se rencontrent, se parlent, se touchent, se mesurent, se mettent en rapports, et influent diversement les uns sur les autres (1).

Ce gouvernement si mobile, connaît aussi l'ordre et la stabilité. Sa force principale est dans l'opinion, dans le respect des lois faites sous les yeux de tous et pour l'avantage de tous. Il ne manque, d'ailleurs, ni de fermes colonnes qui le soutiennent, ni de balancemens calculés d'où résulte l'équilibre, ni d'obstacles semés à dessein, non pour gêner la liberté, mais pour contenir la licence. Quand on ne sait apercevoir dans ce gouvernement qu'une lice ouverte aux passions, des chocs de volontés, d'intérêts, le pêle-mêle des vérités et des mensonges, tous les bruits discordans de la place publique, on croit assister à l'anarchie. Mais, quand on voit toutes ces forces se déployer dans des cercles superposés les uns aux autres, et s'élevant en pyramide vers un sommet qui les domine tous; quand on voit avec quelle promptitude, d'un bout de l'empire à l'autre, un ordre s'exécute, quelle précision dans les mouvemens, quel ensemble et quelle énergie dans l'action, on croirait plutôt au despotisme. Ce n'est point l'anarchie, ce n'est point le despotisme, c'est l'ordre uni à la liberté.

Jamais, sous ce régime, on n'entend prononcer

(1) La classe moyenne n'est autre chose que la réunion des individus l'un noble, l'autre bourgeois, l'autre ouvrier, qui se rapprochent et forment une société commune. La bourgeoisie est le cœur de la classe moyenne, elle n'en est pas le corps tout entier. (SAINT-MARC GIRARDIN.)

le mot impossible. Ce qui serait miracle ailleurs,
là est chose commune. Concevoir, entreprendre,
achever, sont, pour ainsi dire, une seule opération.
On ne marche pas, on court; on se dépêche de
vivre. L'avenir est bientôt le présent, et peu de
jours suffisent à faire un long passé.

La Presse (1) et le Jury sont les principes vitaux
de ce gouvernement. Sans l'une il est arrêté, sans
l'autre il ne serait plus (2).

La Presse est l'organe de la publicité. Vigilante,
infatigable, elle parcourt d'un vol rapide, et en
tous sens, l'univers, y propage les idées, les découvertes, les systèmes, les actions; elle montre les
fautes, stygmatise les crimes, fait la guerre aux
abus, prépare les réformes, mûrit quelquefois les
révolutions. C'est la Presse qui évente les trames
secrètes, signale les périls inaperçus; tout ce qui
est vil, pernicieux, elle le consume ou le stérilise;
tout ce qui est noble, utile, elle le nourrit et le
féconde. La presse est l'amie du peuple, elle veille
pendant qu'il dort, elle occupe ses loisirs, étend
son intelligence, l'instruit dans les arts, l'échauffe

(1) Plus j'envisage l'indépendance de la presse dans ses principaux effets, et plus je viens à me convaincre que chez les modernes l'indépendance de la presse est l'élément capital, et pour ainsi dire constitutif de la
liberté. (DE TOCQUEVILLE.)

(2) Let it be impressed upon your minds, let it be instilled into your
children, that the liberty of the press is the palladium of all the civil,
political and religious rights of an Englishman : and that the right of
juries to return a general verdict, in all cases whatsoever, is an essential
part of our constitution. (JUNIUS.)

de patriotisme et lui grandit l'ame pour les grands événemens.

Le Jury est la justice du pays. Comme un magistrat qui débute, un juré est pur, grave, scrupuleux, attentif, sans habitudes, sans préjugés. Il ne connaît ni l'esprit de corps, ni les entraves de droit écrit, de procédure, de jurisprudence. Inconnu, libre, exempt de désirs comme de craintes, il ne relève que de sa conscience, et n'est responsable qu'envers Dieu. Il a le sens, les instincts de la société. Il sait mille secrets que les gens du métier ignorent, ses décisions ont plus de portée. Par elles les conspirateurs se désenivrent d'une imaginaire popularité; par elles aussi le pouvoir se fait dire s'il est solidement établi, ou s'il chancelle sur sa base.

La Presse est à la fois l'œil, la voix, le bras, la baguette enchantée du gouvernement représentatif. Le Jury en est la boussole, la balance, l'oracle.

Institutions d'autant plus parfaites qu'elles contrarient moins la nature de l'homme que Dieu fit libre, actif, mais soumis à des lois.

Eh bien! mon ami, si je n'étais las de lugubres tableaux, je vous montrerais cette forme de gouvernement se prêtant plus qu'aucune autre à toutes les sortes de scandale. Vous y verriez la corruption, le mensonge, l'audace, l'avarice aux mille formes, le cynisme remplaçant l'honneur. Vous y verriez l'incapacité triomphante, le mérite s'éclipsant, l'honnête homme muet, la place publique envahie par des agens de cabale et d'intrigue, ces hommes faisant des députés, et ces députés faisant des lois.

Avec la religion, tout change. La religion unie au gouvernement représentatif, c'est la volonté du bien et du beau unie à la puissance, c'est à la fois l'intelligence, la bonté et la force. L'esprit aime à suivre dans leur développement les résultats possibles de cette alliance. Toutefois, ne nous enivrons pas d'espérances chimériques (1). La perfection ne descendra point ici-bas. Le monde, ainsi Dieu l'a voulu, est un théâtre où lutte perpétuellement le mal contre le bien (2) Tant que le monde subsistera, le bien, le mal, la lutte subsisteront. Mais, cet écueil évité, gardons-nous d'un autre plus fatal. Il consiste à méconnaître les indéfinies destinées de l'homme, et, à force de le nier, à retarder l'avenir. C'est le malheur des âges où domine l'égoïsme de n'avoir point foi en ce qui est vraiment beau, noble, élevé, et de les éconduire injustement sous le nom d'utopies.

S'il est permis à l'homme, si frêle, de porter jusque dans l'obscur et lointain avenir, un rayon de son intelligence, je me crois fondé à dire que la raison, la saine et droite raison, nous fait voir, dans la suite des temps que Dieu réserve encore

(1) Hope humbly. (POPE.)

(2) La vie de l'homme sur la terre est une guerre continuelle. (BIBLE, livre de Job.)

à l'espèce humaine , la religion sortir peu à peu de son sommeil et de sa langueur , et, parvenue enfin au sommet de la gloire , de la puissance, répandre sur le monde plus de lumière et de vie qu'à aucune autre époque de son histoire. En effet, c'est une des lois de la nature que toujours les choses semblables tendent réciproquement à s'attirer. Pourvu qu'elles en aient l'énergie, tôt ou tard elles s'unissent. Ainsi, l'Evangile, vérité morale, a donné naissance aux principes sociaux,vérité politique que reconnaît aujourd'hui l'univers. Le monde est ingrat. Il possède les fruits, et il laisse l'arbre périr ; mais je l'aperçois qui renaît, et qui renaît plus grand, plus vigoureux, plus beau (1). La liberté, l'égalité, l'échange rapide et sans entraves des idées, la multiplication des rapports entre les hommes, feront qu'on se souviendra de l'arbre qui porta ces fruits, et qui en porte de plus doux que l'homme n'a point encore goûtés. Le gouvernement représentatif, progressivement introduit par la religion chrétienne dans les divers pays du globe, l'y ramènera triomphante à son tour. Essentiellement vrai, car il est libre, essentiellement fort, car l'ordre y règne, il établira et il maintiendra franchement, fermement, la lutte entre le vrai et le faux, le bon, le mauvais, le juste, l'in-

(1) Assisterons-nous aux funérailles du christianisme vieilli? Les espérances du genre humain sauvé sur le Golgotha n'auront-elles été que le rêve de vingt siècles? Ce tumulte des peuples en mouvement ne serait-il que le convoi du Christ? Non, non ; le Christ est ressuscité, il vit, il vivra toujours. (LA MENNAIS.)

juste. Eh bien, mon ami, ce n'est pas illusion d'une belle ame, c'est bon sens de croire que, dans cette lutte, le bon, le vrai, le juste prévaudront en définitive (1). Le soleil, dès qu'il se montre, ne chasse-t-il pas devant lui les ténèbres? Quand le bien et le mal se déploieront l'un contre l'autre, chacun dans toute sa force, doutez-vous que le bien ne demeure vainqueur? Ne voyez-vous pas dans cette libre arène, où tous les élémens se rencontrent, parmi ce tumulte d'idées, de maximes, de systèmes qui se mêlent, se heurtent, se font la guerre, l'auguste vérité captiver les regards par la beauté de ses armes, sa voix puissante ; la lumière qui jaillit de ses yeux, les bienfaits qu'elle répand autour d'elle, ses magnifiques promesses qu'elle ne trahit jamais (2) !

Permettez-moi de citer encore l'Angleterre. Certes, quand on médite la déplorable histoire de son établissement religieux, les causes qui la séparèrent de la foi catholique, l'anarchie monstrueuse qui succéda, on est porté à craindre, avec Bossuet, que ce peuple n'ait *passé au repos funeste de l'indifférence religieuse et de l'athéisme.* Il n'en est rien, cependant, l'Angleterre est, à tout

____

(1) Quand la parole est libre dans une nation, quand chaque jour on la met en face de son inconséquence et de ses iniquités, il vient un jour où elle se trouble, où elle sent en elle quelque chose de plus fort et de plus irrésistible que la voix des intérêts personnels. (LAMARTINE.)

(2) La presse qui avait fait tant de ravages dans les esprits quand elle publiait les pamphlets de la Ligue et les sermons de ses prédicateurs, guérissant elle-même les blessures qu'elle avait faites, devint un des principaux véhicules de la saine opinion qui finit par triompher. (DUPIN aîné.)

prendre, un des pays les plus religieux du globe.
Elle le doit pour beaucoup à sa constitution qui
la rappelle incessamment vers ce qui est grand, vrai,
durable.

Ce n'est donc pas sans quelque fondement que
des esprits sérieux, des ames sincères attribuent à
cette forme de gouvernement un caractère provi-
dentiel. Ils croient y voir un de ces ressorts que la
Providence tient en réserve, et qu'elle ajoute,
d'époque en époque, au mécanisme du monde,
pour raviver l'espèce humaine, et la pousser
dans les voies où l'appellent ses invariables décrets.

Et cet avenir, si doux à espérer, vous le jugeriez
impossible! Il serait vain d'y prétendre! vain d'y
travailler! On ne verrait donc prospérer et grandir
que le mal qu'on a semé? Le bien, confié à la terre,
y jetterait à peine quelques rares et mourantes racines! toujours faible, chétif, jamais vaste et
triomphant! Il n'en saurait être ainsi. Parce que
l'homme est libre, l'homme influe sur sa destinée;
parce que le mal est mal, tout ce qui est bien est
nécessairement possible. A l'échelle du bien, il n'y
a point de dernier échelon; l'homme peut toujours monter plus haut. Il ne faut donc qu'élever
et raffermir nos cœurs. Connaissons les armes qui
sont dans nos mains, armes divines, et ne pro-
férons jamais ce lâche blasphème : c'est impossible!

Si les temps heureux que j'ose présager
arrivent, verront-ils la république? sera-t-il sage
alors de l'établir? Les mœurs la rendront possible

un jour, je l'espère; mais, pour en dire mon sentiment, elle ne sera jamais désirable. Cette forme
de gouvernement n'est pas le dernier terme de la
civilisation. Les républiques n'ont jamais pu
subsister long-temps. La *vertu* qui en est le principe n'est pas la vraie vertu. C'est une vertu purement humaine, pleine d'orgueil. L'orgueil tôt ou
tard engendre l'aristocratie, l'aristocratie le despotisme. L'orgueil du citoyen produit l'orgueil na-
tional; d'où le mépris pour les autres peuples;
d'où les guerres, les conquêtes, les tributs, l'esclavage même.

Ce n'est pas seulement l'agitation qui est dans
les républiques, c'est l'ébranlement. Tout y remue
de la base au sommet : rien n'est fixe ; pas une co-
lonne qui soutienne l'édifice; pas un débris qui
reste debout, l'édifice écroulé. Telle est la république, orageuse, toujours chancelante, navire
battu par les vents, et porté sur des ondes. Quand
vous la voyez calme, solidement établie, quand
rien ne la menace dans l'avenir, dites que son
nom est menteur, et que la république cache la
servitude. Ou bien il s'y est formé un réseau d'a-
ristocratie qui enveloppe, contient, opprime le
reste de la nation; ou tous les citoyens eux-mêmes
se sont unis par une si forte association, qu'ils en
sont comme enchaînés. Ils ne s'appartiennent
plus. Ils ne vivent, ils ne respirent que de la vie
publique. Le gouvernement est libre, je le veux ;
mais les gouvernés sont esclaves.

Sans doute, des mœurs primitives, ou des

mœurs telles que le progrès des temps peut les
faire, supporteraient et rendraient moins impar-
faites toutes les formes de gouvernement; mais je
dis que la forme républicaine n'est pas celle où la
vertu (j'entends la véritable), la dignité, la noblesse humaines, respirent plus librement, où
l'homme ait plus de secours pour accomplir ses
hautes et réelles destinées. La république est le
gouvernement, l'affaire de tous. Chaque citoyen y
est un ressort dans l'état. Il en fait partie, non
pas un jour, mais tous les jours. Quand il n'agit
pas, il surveille. Tant que les hommes seront
hommes, il ne sera pas sûr de s'en remettre aveu-
glément pour la conduite de l'état à des fonctionnaires élus, et périodiquement renouvelés. Un
grand pouvoir de courte durée a trop de tenta-
tions pour la fragile vertu humaine. *Où nul ne
domine* (1), tous doivent, et à chaque instant, sur-
veiller. Ce rôle a du charme pour les ames communes. *Je fais partie du gouvernement*, se dit
avec orgueil le dernier des citoyens. Eh! qu'est-ce
donc après tout que le gouvernement, ce grand
mot? Un mécanisme, des rouages, un moteur qui
font rouler et conduisent le char de l'état. Utile
et magnanime emploi, sans doute, de la vie de
quelques uns; mais objet trop peu digne des con-
tinuelles préoccupations de tous. Que restera-t-il
donc pour la vie morale, intelligente, méditative?
Est-ce vivre assez que vivre de la vie commune?

(1) Mot de M. de La Mennais.

Est-on libre quand on est lié fatalement au mouvement général? Quoi! toujours sur la place publique, inquiet, sous les armes, sans cesse soupçonnant, souvent injuste! Des esprits si affairés aux choses du gouvernement, si jaloux de leurs droits, auront-ils les conditions nécessaires pour remplir cette multitude de devoirs privés qui nous pressent et nous sollicitent de toutes parts? Auront-ils assez de loisirs pour ces infinis détails, ces bonnes actions de chaque instant, qui sont la tâche imposée à l'humanité? Songeront-ils assez à tant d'infortunes diverses qu'il faut savoir chercher, découvrir, bien connaître, soulager avec mesure et efficacement? Songeront-ils assez à eux-mêmes, à eux qu'ils sont chargés, principalement et sur toutes choses, de gouverner, d'améliorer? Songeront-ils à Dieu qui n'oublie point l'homme, s'il en est oublié? Voilà les devoirs réels de l'homme; voilà sa mission certaine, évidente. Ainsi je comprends la vertu, la dignité, la noblesse humaines. Je ne les comprendrais pas à ne tenir en main que des cordages, et ne faire jouer qu'une machine. Trop de passions confuses, de troubles, de liens, abondent dans les républiques; cette forme de gouvernement a un besoin trop incessant des secours de l'homme, pour convenir à sa nature, à sa destination...

Toutefois la république, ses troubles, ses périls, seraient mille fois préférables à l'état despotique. Dieu même n'est pas despote. *Il obéit aux lois qu'il a faites* (1). Il a voulu que l'homme fût libre. Et un simple mortel serait maître absolu ! Sa volonté, ses caprices seraient la règle ! Quelles pensées s'élèveraient sous ce dôme de plomb ! Il fut donné à la vertu de naître et fleurir en tous lieux, mais la terre la plus ingrate est la terre despotique.

Tout à la fois république et monarchie, la royauté représentative ne porte pas uniquement sur les flots populaires; elle n'a pas non plus toutes ses racines dans le sol , au dessous des flots. D'où émanent les droits du prince ? du peuple, s'écrie-t-on. Je l'admets sans peine, mais on doit aussi convenir qu'il y a dans la royauté une force, une vitalité qu'elle ne doit pas à cette seule origine. Quelque chose de fixe et immuable, que le peuple ne saurait communiquer, se découvre en elle. Il ne suffit pas d'un mot pour exprimer à quoi tient cet anneau qui tient lui-même suspendue la chaîne entière des pouvoirs subordonnés.

La royauté est tellement conforme à la nature que son emblême se trouve partout : dans l'univers, un Dieu; un astre qui éclaire les jours; un astre qui préside aux nuits; dans la famille, un chef; dans chaque individu, le moi; en toute création, l'unité, et, dans cette unité la vie; hors d'elle, la dissolution, la mort.

Près de la royauté, s'élèvent deux autres pouvoirs, égaux entre eux sans être pareils, égaux à elle, mais qui ne lui ressemblent point. Ces trois

____

(1) Montesquieu.

pouvoirs s'appuient, se balancent, s'entr'empêchent, se maintiennent en équilibre.

C'est entre ces pouvoirs, non pas au dessous,
que s'étend, vit, s'agite la société tout entière.
Ils ne la dominent pas; aucun homme n'a droit
sur aucun homme. Mais ils sont merveilleusement
placés pour découvrir ce qui est la raison. Ils le
proclament, et ce qu'ils proclament est la loi, et
la loi pèse sur eux comme sur les autres citoyens.

Pendant que ces trois pouvoirs se meuvent,
tournent et suivent leur cours; pendant qu'autour
d'eux une infinité d'autres pouvoirs roulent, chacun dans son orbite, et concourent à l'harmonie
générale, la société protégée, sans alarmes, vit,
travaille, parcourt en tous sens le domaine qui,
dans l'univers physique, moral, intellectuel, lui
fut départi. Chacun s'appartient, a une existence
propre, est soi-même. S'il se forme des associations, ce n'est pas dans le but de défendre ou de
tenir en respect le gouvernement. La constitution
a pourvu à ces nécessités. Les individus se concer-
tent pour mieux accomplir la tâche laborieuse de
l'humanité, pour s'entendre et faire ensemble ce
que, isolé, nul ne saurait faire. Mais les associations
sont libres. La volonté qui les a contractées s'en
dégage sans péril. En un mot, elles sont une aide,
une force, elles ne sont pas une entrave. Ne pensez
pas, toutefois, qu'indifférente au sort de l'État,
cette nation ait les yeux fermés sur le gouvernement. Elle en observe, elle en juge d'autant mieux
l'action, que les ressorts jouent en sa présence,

au grand jour, et sans qu'elle s'y mêle autrement que des spectateurs aux scènes du théâtre.; mais jamais elle ne se démet, jamais on ne peut dire d'elle : la nation est absente. Sa présence, le dirai-je? se manifeste en quelque sorte comme la présence de la Divinité. On la sent, quoiqu'elle ne revête aucune forme sensible; elle pénètre tous les faits, les marque de son empreinte. Il arrive même telle circonstance où cette nation se lève tout d'un coup, brise, renverse........ renverse l'homme pour sauver la constitution. Heureusement ces commotions sont rares, parce qu'il est toujours facile au pouvoir de les prévenir. Il lui suffit d'avoir des yeux, pour voir, d'écouter, pour entendre, de ne pas s'obstiner, pour ne pas périr. Dans ce beau et noble régime, rien ne couve obscurément, rien ne se trame long-temps dans l'ombre. Toutes les passions ont une voix, toutes les tempêtes une issue. Bien que le peuple ne gouverne pas, il exprime par ses suffrages sa pensée, ses désirs, son blâme, même ses menaces. Il a des jours désignés où il descend sur la place publique, où tout ce qui gouverne est en silence et s'efface devant lui; et dans ces jours il est d'autant plus ardent, plus passionné aux choses de l'État, que la veille il était plus tranquille, et qu'il le sera plus le lendemain.

Résumons ce gouvernement. Il représente et consacre tout ce qui est légitime, vrai, noble, utile. La royauté représente l'ordre, la durée, l'unité, l'éclat, la magnificence; la pairie, les inéga-

lités naturelles, inévitables, nécessaires aux progrès de l'esprit humain, alimens de l'industrie,
sources d'émulation, sources de richesses, élémens
de vertu, de force, de stabilité ; le pouvoir populaire, l'égalité sociale, politique, civile, religieuse,
la liberté, ce premier des biens. Mais en représen-
tant la nation ils ne l'annihilent pas. Elle vit par
elle-même, elle sent qu'elle vit. Si elle a une puissance qu'elle délègue, elle en a une qu'elle se réserve. La puissance qu'elle délègue, c'est la sou-
veraineté dont l'exercice serait impossible, inutile
en ses mains. La puissance qu'elle se réserve, c'est
pour chacun le droit de faire ou de ne pas faire,
d'acquérir et de posséder, de se mouvoir, penser,
écrire, aussi libre que l'air, n'ayant à répondre que
devant la loi. Ordre et liberté, unité et diversité,
franchise, c'est la devise du gouvernement représentatif. Généreux et vaste système qui n'exclut
aucune beauté, aucune grace, aucune grandeur,
aucun bien, aucun progrès; qui favorise d'une égale
inspiration les lettres, les sciences, les arts libé-
raux, les arts mécaniques, les travaux de l'esprit
et ceux du corps, toutes les productions; qui, dans
son mouvement de continuelle rotation, dissipe et
jette aux vents tout ce qui est faux, futile, sans va-
leur et sans poids, retient et conserve ce qui a du
prix, est vrai, bon, utile.

CINQUIÈME LETTRE.

Un avenir sera, un avenir puissant, libre dans toute la pléni-
tude de l'égalité évangélique; mais il est loin encore, loin au
delà de tout horizon visible. On n'y parviendra que par cette
espérance infatigable, incorruptible au malheur, dont les actes
croissent et grandissent à mesure que tout semble la tromper;
par cette espérance plus forte, plus longue que le temps, et que
le chrétien seul possède. (Chateaubriand.)

La France est belle à voir dans un prochain avenir.

(Lamartine.)

Heureusement le dix-neuvième siècle passe, et j'en vois appro-
cher un meilleur, un siècle vraiment religieux. (*Idem.*)

C'est un devoir pour nous de montrer par une démonstration
pratique ce que l'espèce humaine peut devenir quand il lui est
permis de marcher librement vers le plein et harmonieux développement de toutes ses facultés. (Brownson, traduct.)

Quant aux progrès futurs, l'espace est libre devant nous, un
espace immense! (Guizot.)

Je sens à mon cœur que nous marchons vers la lumière et la
vie. (George Sand.)

Je vous ai dit, mon cher D., que le régime
représentatif avec de mauvaises mœurs serait
le pire des gouvernemens. Il serait pire que la ré-

publique; car on peut moins aisément le renver-
ser. Il serait pire que le despotisme; car il est de
nature contagieuse, au lieu que le despotisme
frappe de stérilité même le mal. Mais j'ai pu ajouter
que ce gouvernement, par la puissance de son principe, procure tôt ou tard le triomphe du bon et
du vrai, pourvu qu'il n'ait pas été détourné de son
cours. Il en résulte que le ressort de ce gouvernement n'est ni *la vertu* (fausse vertu) des républiques, ni *l'honneur* (faux honneur) des monarchies. Son principe est la vertu *vraie* (1), la vertu qui
préfère Dieu à l'homme, l'humanité à la patrie et
la patrie à soi (2). Si donc nous voulons avoir
une idée de ce que sera l'avenir sous ce beau gouvernement, n'allons pas nous figurer l'esprit de
conquête, le civisme dominateur, l'austérité fa-
rouche, la superbe simplicité des premiers Romains; ni Sparte avec sa discipline, ses mœurs
contre nature, sa liberté qui ne pouvait se passer
de l'esclavage (3); ni Athènes si injuste, frappant

(1) Le sublime de la fameuse harangue de Nelson avant le combat na-
val de Trafalgar : England hopes every Englishman shall do his duty,
l'*Angleterre compte que tout Anglais fera son devoir*, le sublime, dis-je,
de cette courte harangue, est dans le mot *duty*, devoir. Elle n'eût produit que peu d'effet sur des soldats dont le gouvernement n'eût pas eu
pour principe la *vraie* vertu.

(2) Les principes du christianisme bien gravés dans le cœur seraient
infiniment plus forts que le *faux* honneur des monarchies, les vertus
humaines des républiques et la crainte servile des états despotiques.

(MONTESQUIEU.)

Un gouvernement qui est entouré d'institutions telles que les nôtres
ne réussit qu'à force d'estime et de considération. (MOLÉ.)

(3) Au païs de Lacédémone, celuy qui est libre, est plus libre et celuy

la vertu de l'ostracisme, et se privant comme à plaisir de ses meilleurs citoyens; ni Carthage, marchande; ni même l'Amérique, grande et magnanime en apparence, au fond égoïste, avide, insatiable, faisant des lois pour n'en suivre que la lettre (1), mettant son équité dans des formules. De quoi se plaindrait l'Indien ? on lui achète ses terres, on le civilise. De quoi se plaindrait le nègre ? il n'est plus esclave, il est citoyen..... L'Indien sauvage, l'Indien civilisé périssent d'une égale misère que leur fait l'Européen ! Et le pauvre nègre, s'il n'a plus de maîtres, n'a point de frères. Les droits qu'on lui jette, et dont il n'use pas, ne lui rendent que plus sensibles son isolement et son indélébile dégradation (2)!

N'imaginons pas non plus ce qui se voit dans les monarchies pures, je veux dire les choses de convention substituées aux choses réelles, la grandeur consistant dans des minuties, de l'éclat, des manières; le courage dans la seule bravoure ; la vertu dans le dévouement servile à un homme; l'ignorance et la fatuité, illustres ; les talens , les lumières, obscurs ; le hasard , arbitre souverain ; la

---

qui y est serf est plus serf que nulle part ailleurs. (PLUTARQUE, traduction d'Amyot.)

(1) Le légiste américain recherche ce qui a été fait; le légiste français ce qu'on a dû vouloir faire ; l'un veut des arrêts , l'autre des raisons.

(DE TOCQUEVILLE.)

(2) Si l'on veut connaître le sort de l'Indien et du nègre aux États-Unis, il faut lire l'ouvrage si intéressant de M. de Tocqueville (de la Démocratie en Amérique). Il entre, à cet égard, dans des détails qui font vraiment frémir. Presque toutes les républiques ont un côté atroce.

dignité humaine classée en noblesse, bourgeoisie et peuple.

Mais que les traditions du passé et l'habitude invétérée du présent ne ferment point assez nos yeux pour nous empêcher d'entrevoir un temps qui soit dans le vrai, principes et actions; où la vertu serait toujours noble, le vice toujours honteux; où la richesse procurerait, je le veux bien, des plaisirs, des jouissances, mais ne serait pas un titre d'honneur; où l'ignorance, même opulente, resterait dans l'ombre; où le mérite, même indigent, resplendirait; où l'improbité baisserait la tête. Sachons nous faire l'idée d'une société dans laquelle, je ne dis pas l'universalité des hommes, mais la généralité, soient disposés à bien accueillir, à encourager, à soutenir la justice, la vérité, les paroles et les actes d'un dévouement sincère à la commune, à la patrie, à l'humanité tout entière; société, non point parfaite, mais dans le sens du bien, société en progrès, marchant, avançant. Jusqu'ici, le mal plus que le bien, le faux plus que le vrai, ont régné sur le monde. Concevons un état différent, un autre hémisphère. Cet état, cet hémisphère, est la terre promise au gouvernement représentatif. Cette génération ne la verra point, ne la possédera point pleinement. Dieu seul pourrait dire à quel degré de vertus, de lumières, de bonheur, l'humanité doit atteindre dans sa carrière, combien de siècles s'écouleront avant qu'un peuple touche ce terme. Nous, génération présente, nous sommes les premiers voyageurs vers une ère nouvelle; à nous il était réservé d'y faire les premiers pas. Mais pour suivre le droit chemin, il le faut voir; pour le voir, il faut voir aussi le but. Il ne faut pas (accueillez cette image en faveur de Fénelon) il ne faut pas qu'une divinité trompeuse nous entraîne vers Salente, en offrant à nos yeux abusés le rivage, le port, les rochers d'Ithaque.

Plusieurs de nos écrivains modernes, frappés des signes de rénovation qui éclatent dans le monde, ont devancé le temps par leur pensée, et décrit l'avenir qu'ils ont cru entrevoir. Quelquefois aussi, mon cher D..., je me représente cet avenir, non pas dans un lointain indéfini où tout est vague, mais, pour ainsi dire, à portée de la vue, comme si, à certaine distance, je suivais les contours et distinguais les lignes principales d'une montagne à l'horizon.

Je me représente l'espèce humaine relevée de sa chute profonde, sous la double influence des lumières et des mœurs; je vois l'homme *avec un front sublime, l'œil tourné vers le ciel, la démarche majestueuse, une intelligence presque divine* (1). Je ne me figure pas toutefois la scène sociale purgée de désordres, de vices, même de crimes, ces indestructibles fléaux, mais ils n'y dominent pas. Tout au contraire, ils s'effacent devant l'harmonie

____

(1) *Os homini sublime dedit, cœlumque tueri*
Jussit et erectos ad sidera tollere vultus.

(OVIDE.)

et la majesté de l'ensemble. C'est un beau spectacle de voir penser, agir, se mouvoir, s'ordonner, croître, grandir les hommes et les choses de ce temps.

Est-on législateur, on sent respirer en soi l'ame du pays. Elle ne vient pas à l'esprit l'idée qu'on est à la source des grandeurs et de la fortune, qu'on possède un nom, qu'on voit à ses pieds ses égaux de la veille. Oh! que ces vanités sont loin de l'ame du législateur! Il pense à l'immensité de sa tâche, il désire que sa patrie soit florissante, il veut plus fortement encore qu'elle soit vertueuse. Vous ne le distinguez pas à l'habit, au ton superbe, aux riens importans de la représentation. On le reconnaît à l'air grave, méditatif, à la modestie, compagne du mérite, aux paroles bienveillantes, sincères, à je ne sais quoi de supérieur aux petites choses. Que faut-il à cet homme? Des richesses? Son patrimoine suffit à plus de luxe qu'il n'en veut étaler. Des titres? Celui qu'il porte les surpasse tous. Des places? Ses jours et ses veilles sont absorbés par ses devoirs. Que lui donner qu'il n'ait déjà? Que manque-t-il à celui qui a l'ame grande, le cœur pur, des goûts modérés, dont toutes les passions, tous les intérêts se confondent avec la chose publique? Rien dans les lois qui choque les lois éternelles. Elles respirent l'amour, le respect de l'homme. Elles ne sont pas nombreuses, mais chacune est complète, et elles se lient entre elles; concises dans leurs termes, elles ont un sens clair, étendu; peu chargées de détails, elles sont fécondes par le principe. Elles n'humilient pas le magistrat en l'enfermant dans un labyrinthe d'innombrables cercles; elles l'honorent en se confiant, pour des cas nombreux, à ses lumières, à sa probité (1). Le peuple vénère à la fois les lois et le législateur. Il ne l'a pas vu mendier ses suffrages, poursuivre son élection, comme on poursuit une affaire d'argent, intriguer, promettre, jurer, s'enchaîner, tromper.

Un législateur n'est ambitieux que de pouvoir (2); et de pouvoir, non pas pour lui, non pas pour sa famille, mais pour la cause qu'il défend (3). Long-temps, et par de graves études, il médita ses principes; ils sont devenus sa conscience. Il en poursuit le triomphe, à la tribune, par la presse, dans le pouvoir, hors du pouvoir. Des noms propres, un parti, il ne sait ce que c'est. Il ne connaît que la société, il ne sert que sous son drapeau. Il donne à sa patrie ses soins, ses veilles, sa santé même, sans préoccupation de gloire ou d'un plus vil in-

(1) A mesure que la liberté augmente, le cercle des attributions des tribunaux va toujours en s'élargissant. (DE TOCQUEVILLE.)

Lycurgue allait plus loin; il voulait qu'il n'y eût pas de lois écrites, et que les contrats fussent laissés à la *discrétion* et à l'arbitrage des hommes qui auroyent été bien nourris et bien instituéz, pour en oster ou y adjouxter, selon que l'occurrence et la disposition des temps le requerroit : car en somme il estima que le but principal d'un bon establisseur et réformateur de chose publique devoit estre, faire bien nourrir et bien instituer les hommes. (PLUTARQUE, traduction d'Amyot.)

(2) Facilior et tutior vita est otiosorum : Fructuosior autem hominum generi, et ad claritatem amplitudinemque aptior eorum qui *se ad rempublicam et ad magnas res* gerendas accommodaverunt (CICÉRON.)

(3) Rien pour moi, tout pour ma cause. (GUIZOT.)

térêt. Rentre-t-il dans la vie privée, vous le retrouvez ce qu'il était quand vos suffrages l'en firent sortir; mêmes habitudes, même vie, même fortune, même homme, si ce n'est, peut-être, quelque chose de plus grave, et la majesté que donne le sentiment de grands devoirs accomplis.

Un ministre est d'un or plus pur encore, car il fut choisi par le prince entre des hommes que le peuple avait déjà choisis. Un ministre est éminent en science, en génie, en vertus; il est un des plus honnêtes hommes du royaume. Ne pensez pas trouver une tache dans toute sa vie. Sa probité, loin d'être nuisible aux intérêts qui lui sont confiés, les sert mieux que ne feraient les finesses et les tromperies. Vous ne vous figurez pas combien les affaires deviennent simples, faciles, tournent heureusement entre ses mains. C'est que personne ne doute de sa justice, de son honneur, de son parfait dévouement au bien du pays. Qui craindrait de se fier à sa parole? Qui l'oserait soupçonner de mensonge ou de corruption? voilà son habileté, voilà sa force, voilà d'où lui viennent son influence à l'intérieur, son crédit à l'étranger (1). Le goût des vertus qui est en lui, il le communique aux agens

(1) Quant aux conseillers, on avait soin de les choisir tels que, d'abord, ils fussent remplis de la crainte de Dieu. On voulait que ni amis, ni ennemis, ni parens, ni dons, ni flatteurs, ni reproches, ne les pussent détourner de leur devoir; on les cherchait sages et habiles, non de cette habileté sophistique et de cette sagesse mondaine qui est ennemie de Dieu, mais d'une juste et vraie sagesse qui les mît en état non seulement de réprimer, mais encore de confondre pleinement les hommes qui

qu'il emploie. Il sait tout ce qu'un homme public, quelque humble que puisse être son titre, cause de bien ou de mal à la société; quelle part il a aux maximes, aux mœurs, à la paix ou aux troubles des familles : aussi recherche-t-il les gens de bien comme d'autres recherchent l'or. Il n'attend pas qu'ils demandent (les meilleurs sont toujours les derniers à s'offrir) (1), il les prévient, les prie, les sollicite, il les nomme et s'expose, sans que sa dignité s'en alarme, aux risques d'un refus (2).

Un roi ne se persuade pas qu'il est d'une autre espèce que les simples mortels. Si le sceptre lui est échu par le sang, et s'il doit le transmettre, au même titre, à sa descendance, c'est que le sort l'a fait tomber dans sa famille, comme il eût pu le mettre dans une autre. Il y a un roi, parce que ce ressort convient à la machine du gouvernement; la royauté est héréditaire, parce que l'expérience, la raison, l'opinion généralement reçue, enseignent qu'il est bon et sage que cela soit ainsi; mais le roi n'ignore pas qu'il n'est rien de plus qu'un homme. Aussi, remarquez-le bien, le roi est simple, affable, d'un abord facile, sans cortége, sans prestiges. Approchez, sentez-vous qu'un seul rayon vous

ont placé toute leur confiance dans les ruses de la politique humaine. (Lettre d'Hincmar, citée par M. Guizot dans ses *Essais sur l'Histoire de France.*)

(1) Les bons attendent qu'on les cherche. (Fénelon.)

(2) Les gens orgueilleux font consister leur grandeur à ne pas s'exposer à un refus. Fausse grandeur ! ignorance de la dignité véritable! La véritable dignité n'a honte que des mauvaises actions. (Silvio Pellico, traduction.)

brûle ou vous éblouisse? Dans son langage, dans sa mise, à sa table, il est, j'oserais le dire, le plus vulgaire des hommes, mais vulgaire comme savent l'être ceux qui sont doués de la vraie grandeur. Toute idée juste, toute conception utile, tous les sentimens humains, généreux, ont un écho dans l'âme du roi. Il est le foyer des lumières, l'exemple des vertus. C'est lui qui anime les arts, encourage les lettres, les sciences, l'industrie, fait naître tous les genres de chefs-d'œuvre. Mais rien ne s'arrête stérilement dans ses mains, tout s'écoule par lui dans le public, car le roi c'est la nation; on ne le concevrait pas sans elle (1).

Le roi, la famille royale ont des habitudes patriarcales. Quelle femme est penchée au chevet de ce pauvre moribond? Qui vole au secours d'un malheureux renversé sous un char? Qui, pendant que les autres dorment, veille en méditant le bien qui est à faire, les maux qu'on peut guérir, et demande instamment à Dieu de suffire à ses devoirs? C'est une princesse, c'est un fils de France, c'est le roi.

Voulez vous pénétrer plus avant dans la société? Magistrat, on applique la loi avec intelligence et probité. On ne se borne pas, pour découvrir le droit, à compulser à la hâte les textes, les livres,

____

(1) Le roi doit être plus sobre, plus ennemi de la mollesse, plus exempt de faste et de hauteur qu'aucun autre. Il ne doit point avoir plus de richesses et de plaisirs, mais plus de sagesse, de vertu et de gloire que le reste des hommes. Ce n'est point pour lui-même que les dieux l'ont fait roi; il ne l'est que pour être l'homme des peuples. (FÉNELON.)

les arrêts. On le cherche d'abord en soi-même, avec un esprit simple et libre. On le trouve dans les principes qu'à force d'étude et de réflexion on s'est rendus familiers. Un magistrat n'admet pas que la justice et l'équité soient choses bien différentes. Il les croit sœurs au contraire. Jamais le juge ne se croit désarmé devant la fraude; jamais la bonne foi n'appréhende que le juge ne la condamne. La religion du magistrat, sa droiture ennemie des subtilités, la raison publique plus vaste et plus profonde que la raison écrite, voilà les commentaires de la loi : aussi les procès sont-ils devenus de plus en plus rares, et d'une solution moins difficile. Les procédures se sont simplifiées; leur objet est la lumière; on les édifie dans l'intérêt de la défense, non dans celui du défenseur.

Aucune des connaissances qui ornent et développent l'esprit n'est étrangère au magistrat. Sa vie n'est qu'une étude. Mais ce qui le distingue entre tous, c'est la gravité des mœurs. Nul homme n'est plus exempt d'ambition, d'intrigues, plus pur de bassesses. Il sait que la plus grande moquerie pour une nation serait une magistrature sans dignité et sans mœurs.

Parlerai-je de l'administrateur, autrefois si important, si superbe, si despote; bras du pouvoir qui se montrait sans cesse, ressort substitué aux efforts individuels, et qui laissait sans emploi tant de forces, de mouvemens, de pensées, de génies? Aujourd'hui, on ne l'aperçoit pas; il se fait à peine sentir. Il laisse se gouverner eux-mêmes les intérêts, les industries, les plaisirs et les affaires, le citoyen et la commune, les hommes, les choses (1). Mais toute société a des vides, il les remplit; l'Etat a des besoins généraux, il y pourvoit. Du libre essor des facultés de l'homme naissent des conflits, des périls, il les conjure. Il est tour à tour un centre d'union, un fanal qui éclaire, le lest qui par son poids empêche le vaisseau de naufrager. L'administrateur ne se manifeste que par des bienfaits.

Que dirai-je de l'instituteur? Que dirai-je du prêtre? Fonctions sacrées! Saints ministres! Les plus éminens, les plus utiles, les meilleurs, les plus humbles, les plus respectés des hommes!

Tout ce qui tient un rang, tout ce qui joue un rôle dans le pays, sous quelque nom, à quelque titre que ce soit, est animé d'un même esprit, l'esprit du devoir (2). Le devoir s'accomplit par le travail, une extrême exactitude, le respect envers le public, un fonds de bienveillance et de modestie. De ces qualités réunies se forme la politesse,

(1) Un embarras survient dans la voie publique; les voisins s'établissent aussitôt en corps délibérant. L'idée d'une autorité préexistante à celle des intéressés ne se présente à l'imagination de personne. S'agit-il de plaisir, on s'associera pour donner plus de splendeur et de régularité à la fête. Aux États-Unis, on s'associe dans des buts de sécurité publique, de commerce et d'industrie, de morale et de religion. Il n'y a rien que la volonté humaine désespère d'atteindre par l'action libre de la puissance collective des individus. (DE TOCQUEVILLE.)

(2) Le monde est pour moi l'objet du devoir, la sphère où s'accomplit le devoir. Il n'est rien autre, rien de plus pour moi ou pour tout être fini. (FICHTE, traduction.)

comme une douce musique s'échappe d'une lyre harmonieuse. Elle n'est donc plus cette chose apprise, ce sourire des lèvres, cette fausseté. Elle est franche, parce que la bienveillance est réelle.

Les charges publiques, vous le supposez sans peine, sont moins estimées pour l'argent qu'elles rapportent que pour le bien qu'on y peut faire. Le pays n'est pas fatigué des plaintes de fonctionnaires qui ne croient jamais leurs services assez payés. Même les emplois gratuits sont recherchés et bien remplis. Comme le mobile est le devoir, bien plus que l'intérêt, les résultats sont grands, les frais peu de chose, l'impôt léger.

Mon ami, quand ces temps seront venus, le peuple verra bien qu'il s'agit enfin de lui. Oh! sans doute, les conditions ne seront pas nivelées, parallèles, égales. La puissance ne sera départie qu'en raison des lumières et de la capacité. Mais on aimera l'enfant du peuple, on lui sera frère. Le riche se retranchera le superflu pour le doter du nécessaire (1) et le nécessaire s'entendra, non seulement des besoins du corps, mais aussi de ceux que l'ame demande.

Humainement traités, l'ouvrier, le paysan, l'homme de peine, seront plus humains à leur tour. Combien de sentimens, glacés aujourd'hui

(1) Riches, heureux du jour qu'endort la volupté,
    Que ce ne soit pas lui (le pauvre) qui des mains vous arrache
    Tous ces biens superflus où son regard s'attache,   -
    Oh! que ce soit la charité!

(V. Hugo.)

par l'avarice et la misère, se ranimeront ! Combien
de douces choses retourneront à l'ombre de ce peuple ! Elles y reviendront les naïves amours, les franches amitiés. Vous y reviendrez, jeux bruyans,
propos si gais ; vous aussi, vous surtout, jours de
prières, de repos, de pieuses méditations. Les familles prospèreront. L'époux, tranquille sur l'avenir, se réjouira de la fécondité de l'épouse et du
magnifique espoir de ses vieux ans.

La société tournera sur ses pôles, qui sont la
crainte et l'espérance ; la crainte de châtimens,
l'espoir de récompenses, inévitables, certaines ; la
crainte qui met un frein au crime ; l'espérance
qui donne des ailes à la vertu ! Nul ne doutera que
la terre n'ait été créée pour le ciel, l'homme
pour Dieu, les vicissitudes de la vie pour l'éternité fixe, immuable (1). De là cette tendance générale imprimée par la conscience ; de là ces principes dont l'application est la vie, et fait le bonheur du genre humain. Ce sera un principe, que
la société doit à chacun ce qui lui est indispensable
pour soutenir son existence, et qu'elle ne peut
sans crime laisser périr, faute de secours, un seul
de ses membres. Ce sera un principe, que la vie
humaine étant du domaine divin, personne

______

(1) La simplicité ingénue, qui appelle notre vie terrestre une vie d'é-
preuve et de passage, une école de la vie éternelle, s'élève donc jusqu'à
te comprendre, Être infini et tout-puissant ; elle a donc une sorte d'intui-
tion de tes desseins éternels, lorsqu'elle voit, dans les événemens dont se
trouve tissue une vie d'homme, les moindres comme les plus importans, autant
de moyens que tu emploies pour le conduire au bien. (Fichte, traduction.)

n'a droit sur les jours même de l'homicide (1). Ce sera un principe, que l'homme est plus précieux que l'or, et qu'un sacrifice n'est jamais trop coûteux pour racheter la servitude, corriger les mœurs, éclairer les intelligences; que ces dépenses sacrées doivent passer avant toutes les autres. Ainsi le nom d'esclave ne sera plus connu, la dégradante mendicité sera effacée, la peine de mort abolie. Ainsi l'Etat ni les particuliers ne manqueront à la réforme sérieuse, efficace des prisonniers. Ainsi, l'on verra des hommes, et le nombre en sera grand, prendre en tutelle les orphelins, mettre leur raison au service des insensés, vouer leur jeunesse et leur vigueur à soutenir les vieillards et les faibles; partout où éclatera un malheur, une ruine, y porter la main, les réparer. Ainsi se traduiront en actes les grandes et généreuses pensées; ainsi apparaîtront simples et faciles des améliorations regardées jusque-là comme chimériques et impossibles. C'est que le cœur agira; c'est qu'il y aura volonté franche, énergique, cet irrésistible levier. Calculez tout ce que pourront des associations sans nombre, établies sur tous les points, correspondant entre elles. Imaginez la presse avec ses idées, ses plans, ses conseils, ses gerbes de lumière, ses rayons enflammés. Voyez, enfin, cette foule de jeunes hommes dont l'oisiveté, l'ambition sont si pesantes de nos jours, heureux d'employer utile-

---

(1) La peine capitale ne peut être tolérée dans l'organisation sociale qui va naître. (BALLANCHE.)

ment leurs talens, leurs loisirs ; se préparer par des services réels, effectifs, à rendre un jour à leur patrie de plus grands services encore.

Ne croyez pas que ce qu'on nomme intérêts matériels, l'industrie, le commerce, l'agriculture (1), soient négligés et languissent. C'est l'égoïsme qui stérilise et qui tue; mais la charité vivifie. A sa voix, tout s'anime, prend de l'éclat, s'améliore. Elle n'est indifférente à rien de la création ; son souffle est créateur ; il fait surgir les cités, élève des monumens, il pare et fertilise la terre. Ce qui distingue ses œuvres, c'est un caractère de grandeur et de généralité. Celui qui aime ne fait rien pour lui seul ; il voit la patrie, il voit l'humanité, il voit la nature elle-même; il est le second de Dieu, il achève, il perfectionne tout ce que Dieu a soumis à son empire.

J'ose dire, mon ami, que l'esprit humain, quelque éclat qu'il ait jeté en divers temps, n'a point encore rencontré un ensemble de circonstances propre à son parfait développement : ou c'étaient les lumières qui manquaient, ou c'étaient les mœurs, ou c'était la liberté. On pourrait donc concevoir un siècle supérieur aux plus beaux siècles dont s'honore l'histoire; un siècle où l'intelligence, portée et s'élançant de toutes parts, libre et ne

(1) La profession de laboureur ne sera plus méprisée, n'étant plus accablée de tant de maux. On reverra en honneur la charrue. Il ne sera pas moins beau de cultiver l'héritage de ses ancêtres pendant une heureuse paix que de l'avoir défendu glorieusement pendant les troubles de la guerre. (FÉNELON.)

s'égarant point dans ses voies, produirait en foule des chefs-d'œuvre. Ce ne serait pas à force d'art et d'habileté, ce serait, pour ainsi dire, naturellement et sans y prétendre ; ce serait sous l'influence de cette idée, toujours présente, que l'homme a été créé pour bien faire, de même que Dieu fait bien en toutes choses ; ce serait sous l'inspiration de ce sentiment qui résume toutes les lois, la charité.

Dans les plus sublimes créations, dans les plus communes, qu'on voulût apaiser des douleurs, ou provoquer à la joie, remonter ou détendre les ressorts de l'ame ; que l'imagination suivît le cours des fantaisies, des riantes fictions, ou qu'elle ne fût remplie que de graves et sérieuses pensées, le but final, la pente secrète, serait toujours de plaire à Dieu, de faire le bien de l'humanité. Ainsi, la *matière*, la *forme*, ces importances de nos jours, disparaîtraient comme envahies par l'idée créatrice. Les ouvrages de l'homme seraient des actions bien plus que des choses, et l'œuvre serait faite pour le public, non pour l'auteur. Il en naîtrait la variété ; l'auteur qui s'oublie lui-même est fécond et divers, tandis que celui qui ramène tout à soi est froid, stérile, monotone. Il en naîtrait la beauté ; qu'est-ce que la beauté, sinon ce qui plaît toujours ? Or, qu'y a-t-il de plus constamment aimable que ce qui vient du cœur, ce qu'on fit pour nous, par amour de nous ? L'homme alors imiterait réellement la nature. Combien vaste est son sein ! Quelle infinie variété dans ses productions! quelle finesse de détails! que de majesté, que d'harmonie dans l'ensemble! Et toute chose a sa fin, et rien n'est inutile, rien n'est perdu. Un soleil, un brin d'herbe, attestent la même Providence.

Le domaine de l'intelligence, loin de se rétrécir, en sera agrandi. Les genres mêmes se multiplieront. Est-ce que la nature n'affecte pas toutes les formes, tous les effets? Laissez donc courir, et s'étendre, et se disperser l'imagination; qu'il lui soit permis d'être tour à tour sage, mesurée ou capricieuse, attentive aux détails ou de planer sur l'ensemble, de ne tendre que vers un objet ou d'en poursuivre à la fois plusieurs; d'être hardie, bizarre même, et de violer en apparence toutes les règles, pourvu que la raison tienne le fil de la pensée, et que l'œuvre soit conduite sur cette pensée. Non, rien de ce qui vit ne mourra! Et combien de trésors cachés aujourd'hui dans la terre verront alors le jour! Elles seront seulement anéanties (pourquoi vivraient-elles ?), ces productions qui offensent les mœurs, blessent les regards, dégradent l'homme.

Verra-t-on cet âge d'or? L'espérance en est-elle permise? ou la raison veut-elle qu'on désespère? Je n'ignore pas que quelques uns disent de l'homme, comme d'autres le disent du christianisme, qu'il est arrivé à l'état de vieillesse, de décrépitude; que c'est peine perdue de songer à le ranimer, à le rajeunir. Mais qu'est-ce que l'homme? Une pensée. Or, une pensée vieillit-elle jamais?

En quelque temps qu'il plaise à Dieu de rappeler à lui la race humaine , il la reprendra dans la même jeunesse , au même âge. Un demi-siècle s'est à peine écoulé depuis qu'un mouvement extraordinaire éclata dans notre pays. Toute la nation fut saisie d'une grande pensée, et se lança hardiment vers l'avenir. Temps d'illusions, peut-être, mais temps de noble enthousiasme et d'actions héroïques. Qu'il y avait alors de sève et de jeunesse en France! Quels travaux gigantesques elle entreprit, exécuta! Quelle belle, pure, sublime physionomie de nation! Mais le crime, comme il fait toujours, veillait. Ces hommes qui n'avaient dans l'ame que de saintes pensées, et devant les yeux qu'une terre aussi belle que le ciel, devaient rencontrer sous leurs pas du sang, des brigandages, l'athéisme, la terreur, la servitude. Jamais efforts plus magnanimes ne furent plus indignement trompés! Mon ami, rien ne brise, rien n'abat une nation, comme d'avoir été confiante et toujours déçue. Oui, je l'avoue, quelque chose qui ressemble à la vieillesse est empreint dans les traits du pays. Mais quoi donc? Jeune, si jeune au siècle dernier, la France serait vieille en celui-ci! Elle souffre, elle est affaissée, elle semble mourante ; mais, vieille, elle ne l'est pas.

Je dirai plus (des signes presque certains m'autorisent à le dire), l'aurore de plus beaux jours déjà se lève sur nous. Le monde est dans l'attente d'événemens solennels (1). La religion qui s'éloi-

(1) Soit qu'on regarde au dehors, soit qu'on rentre en son ame, pour

gnait de plus en plus est comme suspendue dans sa fuite. Son divin soleil, qui ne revient pas encore, du moins ne rétrograde plus. Un grand dégoût de l'état présent s'est emparé des ames. On est las de ne point aimer, de ne se fier à personne, de n'entendre parler que d'intérêts matériels, de vivre seul et comme emprisonné en soi-même. Les regards commencent à se tourner vers quelquechose de meilleur, de plus durable. La poésie, cette étoile qui précède toujours les grandes époques de l'esprit humain (1); la poésie qui se tait quand elle n'a point de gloire à chanter , rien d'heureux à présager; la poésie reprend la voix et fait entendre des sons qu'on avait oubliés. Oh! écoutez-la. L'oreille s'ouvrit-elle jamais à des accords plus purs, le cœur à des sentimens plus tendres, l'esprit à de plus hautes pensées ? Peu nombreux encore sont les vrais poètes; mais ils ont la lyre harmonieuse, l'aile hardie et rapide ; ils volent à la découverte de nouveaux mondes, et nous leur devrons nos plus magnifiques conquêtes.

En même temps que l'espérance reparaît parmi nous , la charité, sa douce sœur, revient aussi avec un cortége de bienfaits. Qui a conçu cette bonne pensée d'assurer l'avenir des hommes laborieux, de prendre en dépôt leurs épargnes , de les faire fructifier pour leurs vieux jours , œuvre dou-

y interroger cet instinct mystérieux de l'avenir inhérent à chaque créature, tout nous avertit qu'une grande transformation se prépare. (LAMENNAIS.)

(1) Le développement de l'humanité commence partout par la poésie et les beaux-arts. (SAINT-MARC-GIRARDIN.)

blement salutaire, puisqu'elle diminue la source des désordres et des vices? Et cette pensée de préserver l'enfance de la corruption des villes; de recevoir sous un même abri tant d'enfans dispersés; de les nourrir de religion, de les former aux habitudes honnêtes, et préparer dans sa première fleur la génération future, qui a conçu ces pensées, si ce n'est la charité? Hé! n'a-t-elle pas eu pitié de cette espèce de malheureux, si pesante à la société, qui, sans cesser d'être hommes, n'en ont plus la raison, et qu'on délaissait, hélas! comme on délaisse, comme on entasse, des meubles brisés, inutiles! Devant elle ont disparu ces maisons fatales où l'on voyait entrer pleines d'espérances la cupidité et la folie, et d'où sortaient, se déchirant le sein, la ruine et le désespoir.

Elle médite la guérison complète de deux plaies honteuses, la mendicité et l'esclavage.

Qui pourrait dire tous ses projets? Le monde juge impraticable la réforme des mœurs dans les prisons et dans les bagnes. Elle y songe pourtant, elle y travaille, elle y réussira; car tout ce qu'elle veut elle le peut.

A ses regards n'a point échappé la population malade des ateliers. Elle a ses plans pour que l'industrie poursuive ses travaux et nous enrichisse de ses conquêtes, sans qu'il en coûte un soupir à la religion, à l'humanité; sans que la santé des ouvriers s'altère, que leurs cœurs se corrompent.

N'allons pas, toutefois, épris de ces images, nous faire illusion et croire (l'erreur serait fatale) que le siècle est charitable. La charité est , si je puis le dire , dans les idées plus qu'elle n'est au fond des cœurs. Ses traits, ses traits enflammés ne pénètrent que quelques individus. Ces hommes de bien , pleins de projets, brûlans de zèle, sentent que la chaleur manque autour d'eux. Ils ne rencontrent pas cette sympathie, cette active coopération, qui centuplent les forces et abaissent tous les obstacles. Aussi que voyons-nous? d'excellentes institutions, beaucoup d'établissemens sublimes, mais peu de choses qui fleurissent et prospèrent. La masse des hommes ne pense sérieusement qu'à soi. On désire le bien, mais on voudrait qu'il se fît tout seul, et qu'un mouvement de la volonté effaçât toutes les misères.

Non , mon ami , la charité n'est pas ce qui anime au fond la société. Et pourtant elle n'y est plus étrangère. Elle agit par quelques hommes ; elle montre des fruits déjà nombreux ; elle frappe à tous les cœurs, prête à y entrer.

L'espérance et la charité tiennent par la main la foi, leur troisième sœur. La foi aussi commence donc à revenir. Il est bien difficile d'aimer les hommes et de ne point croire en Dieu ; d'espérer de meilleurs jours sans espérer ce jour qui ne doit point finir. L'espérance et la charité sont les clartés de l'ame. Elles dévoilent ce qui était environné de ténèbres, l'obscur secret de la vie humaine, ses joies, ses peines, ses combats, la conscience, le remords. Elles expliquent pourquoi la pensée gouverne la matière, pourquoi le corps est partout subordonné à l'esprit. Elles apprennent comment ce qu'on nomme ici-bas grandeurs, richesses, puissance, bonheur, ces choses qui allument les passions et engendrent les guerres, sont vaines aux yeux de Celui qui ne pèse pas même nos intelligences diverses, mais leurs œuvres, et, dans ces œuvres, non ce qui procure la célébrité, mais ce qui émane d'une *volonté bonne*, et tend vers le bien. Elles révèlent tout l'homme; l'homme dont l'existence embrasse la création entière, qui s'élève jusqu'aux astres par le génie et les vertus, qui tombe aux abîmes par la stupidité et les vices; l'homme, plus puissant, plus précieux que tout l'univers, plus faible et plus vil que le plus infime des êtres; l'homme, au front sublime, l'homme au front abaissé, au cœur pur, au cœur souillé; l'homme, enfin, qui reçut en naissant le sentiment du beau, l'amour de l'honnête, la pente au sacrifice, et qui, à mesure qu'il avance dans la vie, efface de ses mains l'empreinte divine, se ravale à la brute, devient égoïste, envieux, méchant, se plaît au désordre... Ou bien renforce et réimprime en soi les sacrés caractères, marche fermement dans les justes voies, empreint ses moindres actions de grandeur, de dignité, fait régner l'ordre et circuler la vie. Deux routes, deux destinées bien différentes, et qui attestent l'existence du bien et du mal, la liberté de l'homme, un juge suprême, une autre vie (1).

(1) A chaque coup d'œil que je laissais tomber sur les hommes ou sur

la nature, à toute réflexion que faisait naître dans mon esprit le contraste bizarre de l'immensité des désirs de l'homme et de sa misère actuelle, une voix intérieure s'élevait en moi pour dire : Oh ! rien de tout cela n'est, ne peut être éternel. Sois-en bien convaincu, un autre monde existe, un monde autre et meilleur. (Fichte, traduction.)

FIN.

PARIS. — IMPRIMERIE DE PAUL DUPONT ET COMP.
Rue de Grenelle-Saint-Honoré, n. 55.

9 782012 986787